2021年第二季度

支付业务季报

Quarterly Payment Statistics and Analysis

■ 中国人民银行支付结算司　编

中国金融出版社

责任编辑：方　蔚
责任校对：李俊英
责任印制：程　颖

图书在版编目（CIP）数据

支付业务季报. 2021年. 第二季度/中国人民银行支付结算司编. —北京：中国金融出版社，2022.2

ISBN 978-7-5220-1522-4

Ⅰ.①支… Ⅱ.①中… Ⅲ.①银行—业务核算—会计报表—中国—2021 Ⅳ.①F832.2

中国版本图书馆CIP数据核字（2022）第024794号

支付业务季报2021年第二季度
ZHIFU YEWU JIBAO 2021 NIAN DI-ER JIDU

出版发行	中国金融出版社
社址	北京市丰台区益泽路2号
市场开发部	（010）66024766，63805472，63439533（传真）
网上书店	www.cfph.cn
	（010）66024766，63372837（传真）
读者服务部	（010）66070833，62568380
邮编	100071
经销	新华书店
印刷	天津市银博印刷集团有限公司
尺寸	210毫米×285毫米
印张	11.5
字数	213千
版次	2022年3月第1版
印次	2022年3月第1次印刷
定价	100.00元

ISBN 978-7-5220-1522-4

如出现印装错误本社负责调换　联系电话（010）63263947

《支付业务季报》编写组

组　　长：温信祥
副 组 长：樊爽文　严　芳　王　晟
统　　稿：杨　青　赵朋飞　张锐敏
编写人员（按姓氏笔画排序）：

丁　一　王美东　王　通　尹秋怡　伍艺婷
许　明　刘冰川　刘亚迪　杨博文　杨蕊菲
何彩云　李林峰　肖赫男　汪　潇　林同华
陈思颖　郭世东　俞旭芬　唐婷婷　黄　鹏
曾思凡

内容摘要

市场主体新开户数量大幅增长。本季度，企业、个体工商户新开立单位银行账户368.1万户，同比增长10.5%，较2019年同期增长17.5%，涉及企业、个体工商户231.3万家，日均2.5万家。

非现金支付[①]业务量快速增长。本季度，商业银行共办理非现金支付1 038.9亿笔，金额1 080.8万亿元，同比分别增长24.1%和6.3%。支付机构共办理非现金支付2 896.1亿笔，金额99.0万亿元，同比分别增长30.0%和22.8%。

银行卡新发卡量和信用卡[②]不良率有所下降。本季度，全国银行卡新发卡量为1.8亿张，环比下降7.6%。其中借记卡新发卡量1.5亿张，环比下降8.4%。信用卡新发卡量3 775.4万张，环比下降4.1%。信用卡不良率为1.75%，较上季度末下降0.20个百分点。还原核销后的不良率为2.36%，较上季度末下降0.29个百分点。

移动支付业务量稳步增长。本季度，商业银行共办理移动支付业务370.1亿笔，金额117.1万亿元，同比分别增长22.8%和10.3%；支付机构办理移动支付业务2 326.2亿笔，金额78.0万亿元，同比分别增长27.5%和28.9%。

支付系统业务量持续增长。本季度，支付系统[③]共处理2 250.5亿笔，金额2 303.3万亿元，同比分别增长31.1%和11.6%，金额是同期GDP的81倍。其中，大额支付系统处理1.2亿笔，金额1 519.0万亿元，分别占支付系统业务量的0.1%和66.0%。

证券结算系统业务量小幅下降。本季度，中央结算公司DVP结算总额438.6万亿元，同比下降6.6%。中国证券登记结算公司结算总额440.8万亿元，同比增长25.9%。银行间市场清算所债券业务清算金额65.2万亿元，同比下降22.4%。

农村地区支付业务平稳增长。截至本季度末，全国共有银行卡助农取款服务点85.8万

---

① 银行非现金支付业务按支付工具分为票据、银行卡、贷记转账、直接借记、托收承付及国内信用证业务；按支付指令载体分为纸基支付和电子支付。
② 信用卡数据包括信用卡和借贷合一卡数据，下同。
③ 包含大额实时支付系统、小额批量支付系统、网上支付跨行清算系统、境内外币支付系统、银行卡跨行支付系统、网联清算平台、城市商业银行汇票处理系统和支付清算系统、农信银支付清算系统、人民币跨境支付系统、银行行内业务系统。

个。本季度，助农取款服务点办理支付业务9 396.0万笔，金额747.2亿元。其中，取现业务5 832.8万笔，金额308.4亿元。

主要发达国家支付系统业务量小幅下降。本季度，美国纽约清算所银行间系统和联邦资金转账系统共处理8 379.2万笔，金额361.5万亿美元（折合人民币约为2 335.2万亿元[①]），同比分别增长18.0%和9.8%。欧元区泛欧自动实时全额结算快速转账系统、欧洲银行业协会全欧支付系统共处理6 563.8万笔，同比下降2.0%，金额186.1万亿欧元（折合人民币约为1 430.0万亿元），同比增长1.2%。日本银行金融网络系统、全银数据通信系统共处理37 051.1万笔，同比下降6.0%，金额12 003.5万亿日元（折合人民币约为701.3万亿元），同比增长3.6%。

---

① 主要发达国家支付系统业务量折合人民币时使用统计期内最后一个交易日的汇率计算。

目　录

第一部分　银行账户 ... 1
一、单位银行账户 ... 3
二、个人银行账户 ... 4

第二部分　非现金支付业务 ... 7
一、商业银行非现金支付 ... 9
二、支付机构非现金支付 ... 21

第三部分　支付系统 ... 25
一、人民银行支付系统 ... 27
二、其他清算机构支付系统 ... 30
三、银行行内业务系统 ... 34
四、中央银行会计核算数据集中系统 ... 35

第四部分　证券结算 ... 37
一、中央债券综合业务系统 ... 39
二、中国证券登记结算系统 ... 40
三、银行间市场清算所股份有限公司业务系统 ... 41

第五部分　农村地区支付业务 ... 45
一、账户和非现金支付业务 ... 47
二、支付清算系统覆盖情况 ... 48
三、助农取款服务 ... 48

  四、非现金支付代理发放 ································· 49

第六部分　国际支付体系发展概况 ································· 51

  一、主要发达国家支付体系发展概述 ······················ 53
  二、国际支付体系发展动态 ······························· 54

附录一　支付业务统计指标历史数据表 ······················ 57

  表1　银行业金融机构非现金支付业务量 ················· 59
  表2　M_0占GDP比例 ···································· 60
  表3　票据业务量 ··· 60
  表4　单笔支票金额 ······································· 61
  表5　商业汇票逾期垫款金额 ···························· 61
  表6　银行卡在用发卡数量 ······························· 62
  表7　银行卡受理环境指标 ······························· 62
  表8　银行卡业务量 ······································· 63
  表9　银行卡存款和授信 ································· 64
  表10　人民银行支付系统业务量 ························ 65
  表11　其他清算机构支付系统业务量 ··················· 66
  表12　银行行内业务系统业务量 ························ 67
  表13　单位银行结算账户数量 ··························· 68
  表14　个人银行结算账户数量 ··························· 68

附录二　支付业务报表 ·· 69

  一、非现金支付工具类报表 ······························· 71
  全国银行非现金支付工具结构情况季报表 ··············· 71
  政策性银行非现金支付工具结构情况季报表 ············ 72
  国有大型商业银行非现金支付工具结构情况季报表 ···· 72
  股份制商业银行非现金支付工具结构情况季报表 ······ 73
  银行卡业务情况季报表 ·································· 75
  二、支付系统类报表 ······································ 76
  大额实时支付系统地区间资金流量流向情况季报表 ···· 77

大额实时支付系统行别间资金流量流向情况季报表	91
小额批量支付系统地区间资金流量流向情况季报表	95
小额批量支付系统行别间资金流量流向情况季报表	117
同城清算业务情况季报表	120
银行行内业务系统支付业务情况季报表	121
银行卡跨行交易情况季报表	123
三、银行结算账户类报表	126
银行结算账户数量季报表（按行别）	127
银行结算账户数量季报表（按注册资金规模）	129
银行结算账户数量季报表（按行业归属）	131
银行结算账户数量季报表（按存款人类别）	141

附录三 支付业务地域分布状况 — 145

表1	银行非现金支付业务量分地区	147
表2	支票和商业汇票业务量分地区	148
表3	支票出票人违规情况分地区	149
表4	商业汇票逾期垫款金额分地区	149
表5	银行卡在用发卡数量分地区	150
表6	银行卡受理环境指标分地区	150
表7	银行卡业务量分地区	151
表8	银行卡存款和授信分地区	152
表9	贷记转账业务量分地区	152
表10	同城清算系统业务量分地区	153
表11	银行业金融机构行内业务系统业务量分地区	153
表12	人民币单位银行结算账户数量分地区	154
表13	人民币单位银行结算账户净开户数量分地区	154

附录四 支付业务行别排名状况 — 155

表1	银行非现金支付业务量分行别（按业务笔数）	157
表2	银行非现金支付业务量分行别（按业务金额）	157
表3	票据业务量分行别（按业务笔数）	158

表 4	票据业务量分行别（按业务金额）	158
表 5	支票业务量分行别（按业务笔数）	159
表 6	支票业务量分行别（按业务金额）	159
表 7	商业汇票业务量分行别（按业务笔数）	160
表 8	商业汇票业务量分行别（按业务金额）	160
表 9	商业汇票逾期垫款金额分行别	161
表 10	银行卡在用发卡数量分行别	161
表 11	借记卡在用发卡数量分行别	162
表 12	信用卡（含借贷合一卡）在用发卡数量分行别	162
表 13	ATM 数量分行别	163
表 14	银行卡业务量分行别（按业务笔数）	163
表 15	银行卡业务量分行别（按业务金额）	164
表 16	银行卡消费业务量分行别（按业务笔数）	164
表 17	银行卡消费业务量分行别（按业务金额）	165
表 18	银行卡授信总额分行别	165
表 19	银行卡应偿信贷余额分行别	166
表 20	信用卡逾期账户透支余额（M6+）分行别	166
表 21	贷记转账业务量分行别（按业务笔数）	167
表 22	贷记转账业务量分行别（按业务金额）	167
表 23	同城清算业务量分行别（按业务笔数）	168
表 24	同城清算业务量分行别（按业务金额）	168
表 25	银行行内业务系统分行别（按业务笔数）	169
表 26	银行行内业务系统分行别（按业务金额）	169
表 27	人民币单位银行结算账户数量分行别	170
表 28	基本存款账户数量分行别	170
表 29	人民币单位银行结算账户净开户数量分行别	171
表 30	基本存款账户净开户数量分行别	171

第一部分
银行账户

银行账户数量稳步增长。截至本季度末，全国存量银行账户共有131.2亿户，同比增长10.6%，较2019年同期增长23.0%。

一、单位银行账户

单位银行账户数量平稳增长。截至本季度末，全国银行业金融机构（以下简称银行）开立单位银行账户7 919.0万户，同比增长10.3%，较2019年同期增长22.1%。其中，企业开立6 031.2万户，个体工商户开立1 295.8万户，合计占单位银行账户总量的92.5%。

企业新开户数量大幅增长。本季度，企业、个体工商户新开立单位银行账户368.1万户，同比增长10.5%，较2019年同期增长17.5%，涉及企业、个体工商户231.3万家，平均每天有2.5万家企业新开立单位银行账户。其中，企业新开立单位银行账户311.0万户，同比增长13.4%，较2019年同期增长21.5%。个体工商户新开立单位银行账户57.1万户，同比下降3.4%，较2019年同期下降0.7%。

从企业类型看，企业法人新开立基本存款账户占企业新开立基本存款账户的70.2%。本季度，企业法人新开立基本存款账户（以下简称基本户）162.4万户，同比增长6.0%，非法人企业新开立基本户为16.8万户，同比增长1.2%，个体工商户新开立基本户为52.2万户，同比下降4.6%，分别占企业新开立基本户的70.2%、7.2%和22.6%。

从开户银行类别看，国有大型商业银行企业基本户占比过半。本季度，国有大型商业银行[1]、股份制商业银行、城市商业银行和其他银行[2]新开立企业基本户分别为136.7万户、31.9万户、21.7万户和41.0万户，占比分别为59.1%、13.8%、9.4%和17.7%。

从地区分布看，东部地区新开立企业基本户较多。本季度，江苏、广东[3]、浙江、山东、河南新开立企业基本户居全国前五位，合计92.6万户，占比40.0%。

---

[1] 根据中国银行保险监督管理委员会公开发布的《银行业金融机构法人名单（截至2018年12月底）》，国有大型商业银行包括中国工商银行、中国农业银行、中国银行、中国建设银行、交通银行、中国邮政储蓄银行等6家银行。
[2] 如无特别说明，其他银行包括政策性银行、农村信用社、农村商业银行、农村合作银行、城市信用社、外资银行、村镇银行及民营银行等，下同。
[3] 如无特别说明，广东省数据不含深圳，下同。

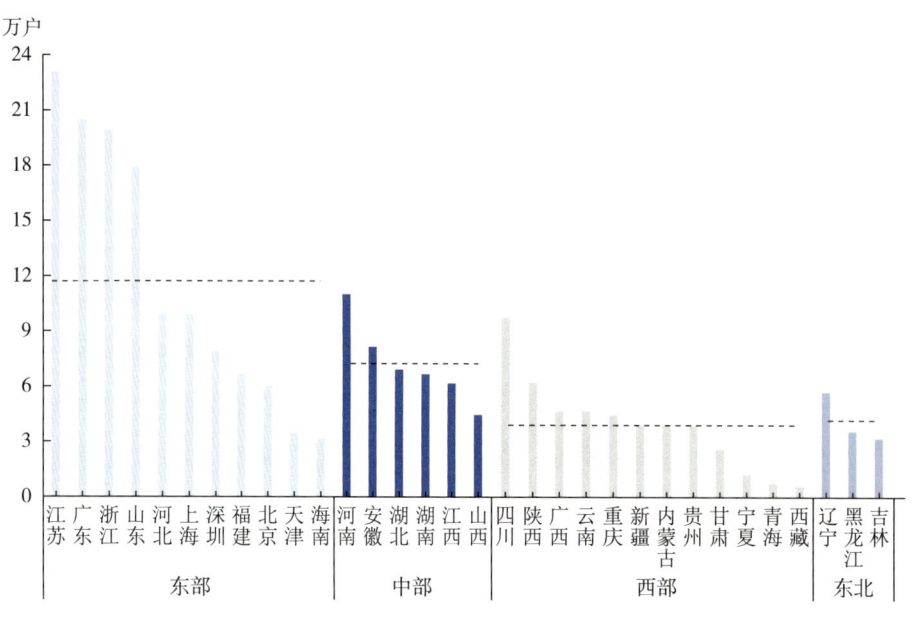

图1　2021年第二季度企业新开立基本户地区分布情况

从账户注册资金规模分布看，注册资金规模在 500 万元以下的小微企业新开立基本户占比近九成。本季度，注册资金规模在 500 万元以下的小微企业（含个体工商户）新开立基本户 203.7 万户，占全部企业新开立基本户的 88.1%[①]。注册资金规模在 500 万~1 000 万元、1 000 万~1 亿元和 1 亿元以上的企业新开立基本户分别为 17.0 万户、9.7 万户和 0.8 万户，占比分别为 7.4%、4.2% 和 0.3%。

从产业分布看，第二产业企业新开立基本户同比上升。本季度，全国第一产业新开立基本户为 8.4 万户，同比下降 19.7%，第二产业新开立基本户为 42.4 万户，同比增长 3.3%；第三产业新开立基本户 180.5 万户，同比增长 4.4%。

二、个人银行账户

新开立个人银行账户数量保持增长。截至本季度末，全国存量个人银行账户共有 130.4 亿户，同比增长 10.6%，较上季度下降 1.1 个百分点。本季度，全国新开立个人银行账户 3.3 亿户，同比增长 14.8%。

从银行类别看，国有大型商业银行新开立个人银行账户占比 20.1%。本季度，国有大型商业银行、股份制商业银行、城市商业银行和其他银行新开立个人银行账户数量分别为 0.7 亿户、0.4 亿户、0.1 亿户和 2.1 亿户，占比分别为 20.1%、11.9%、3.8% 和 64.2%。

---

① 根据部分地区数据测算。

从地区分布看①，东部五省（市）新开立个人银行账户占比过半。本季度，浙江、深圳、江苏、广东、山东新开立个人银行账户数量居全国前五位，合计开立个人银行账户2.4亿户，占比72.0%。

专栏1

2021年上半年市场主体新开户超600万户，市场活力持续激发

2021年以来，随着"放管服"改革以及"六稳""六保"等各项助企纾困政策的深化，我国市场主体经营活力不断激发，经济发展内生动力持续增强。人民银行数据显示，2021年上半年，我国市场主体新开户达669.1万户，同比增长24.1%，企业开户率提升3.3个百分点，新开户小微企业占比稳步提升至88%，人民银行指导商业银行优化账户服务缓解小微企业开户难成效初显，市场主体开户和资金结算服务水平进一步提升，助力改善营商环境。

一、市场主体新开户超600万户，生产经营资金结算需求旺盛

2021年上半年，市场主体（含企业、个体工商户）新开立单位银行账户669.1万户，同比增长24.1%，较2019年同期增长16.1%。其中，企业新开立558.8万户，个体工商户新开立110.3万户②。

二、新设企业开户率提升3.3个百分点，优化企业银行账户服务成效初显

企业开户率是指新设企业中开立单位银行账户的比例，是反映企业开户需求以及商业银行账户服务水平的重要指标。2021年以来，人民银行认真贯彻落实国务院决策部署，指导商业银行多措并举提升银行账户服务水平，相关政策红利正在逐步释放，缓解开户难问题成效明显。2021年上半年，办理开户的新设市场主体达432.2万家，日均2.4万家。经测算，新设企业开户率达76.5%③，较2020年上升3.3个百分点。

三、新开户小微企业占比稳步提升至88%，金融普惠持续发力

人民银行加大支付服务市场改革力度，持续推动金融机构向实体经济让利，支持小微企业和个体工商户纾困发展，提升账户和支付服务普惠水平。2021年上半年，新开户

---

① 地区分布按开户银行所在地统计。
② 大部分个体工商户使用个人银行账户办理资金结算，开立单位银行账户数量相对较少。
③ 市场监管总局尚未公布2021年上半年新设企业数量，此处使用天眼查公布数据。经比对历年数据，天眼查数据准确性较高。下一步拟与市场监管总局沟通建立统计数据共享机制。

小微企业（含个体工商户）①380.5万家，占新开户市场主体总数的比例达88.1%，占比较上年同期提升0.3个百分点。

四、科教文娱、"两新一重"等行业新开户快速增长，产业结构逐步优化

2021年上半年，教育、科研、文娱行业新开户数量同比增幅居前三位，分别达70.7%、56.8%、50.8%，行业复苏成效显著。制造、电力、建筑、交通等"两新一重"②相关行业新开户数量两年平均增长14.8%，是全行业平均水平的1.9倍，"两新一重"行业明显发力。

五、"一带一路"等重大战略区域新开户增速领跑10个百分点以上，湖北省新开户数量稳步恢复

2021年上半年，"一带一路"、长江经济带、粤港澳大湾区等重大战略区域市场主体分别新开立单位银行账户350.9万户、323.8万户、81.9万户，同比分别增长34.2%、32.7%和38.1%，增速较全国平均水平高出10个百分点以上，重点战略区域辐射带动作用凸显。湖北省新开立单位银行账户18.2万户，同比增长34.9%，已基本达到2019年同期水平。

下一步，人民银行将持续贯彻落实党中央、国务院决策部署，为各类市场主体提供更好的银行账户和支付结算服务，助力我国经济高质量发展。

---

① 根据《工商总局关于进一步做好小微企业名录建设有关工作的意见》（工商个字〔2015〕172号），注册资本500万元以下新设立的企业以及全部新设个体户纳入小微企业库。

② 《2020年政府工作报告》中提出重点支持"两新一重"建设，即加强新型基础设施建设，加强新型城镇化建设，加强交通、水利等重大工程建设。

第二部分
非现金支付业务

非现金支付业务量快速增长。本季度，全国商业银行共办理非现金支付业务 1 038.9 亿笔，金额 1 080.8 万亿元，同比分别增长 24.1% 和 6.3%。支付机构共办理非现金支付业务[①] 2 896.1 亿笔，金额 99.0 万亿元，同比分别增长 30.0% 和 22.8%。

一、商业银行非现金支付

商业银行非现金支付业务包含票据、银行卡及其他结算业务，其中，银行卡业务 1 013.2 亿笔，占非现金支付业务笔数的 97.5%，金额 240.2 万亿元；票据业务 3 212.1 万笔，金额 27.9 万亿元；贷记转账、直接借记、托收承付以及国内信用证等结算业务 25.5 亿笔，金额 812.7 万亿元，占非现金支付业务金额的 75.2%。

（一）银行卡

1. 银行卡发行

银行卡新发卡量保持下降。本季度，全国银行卡新发卡量为 1.8 亿张[②]，环比下降 7.6%[③]，降幅较上季度减少 5.7 个百分点。截至本季度末，银行卡在用发卡量 91.1 亿张，同比增长 5.2%，较上季度下降 0.7 个百分点。

借记卡新发卡量小幅下降。本季度，借记卡新发卡量 1.5 亿张，环比下降 8.4%，降幅较上季度减少 8.4 个百分点。截至本季度末，借记卡在用发卡量 83.2 亿张，同比增长 5.3%，较上季度下降 0.7 个百分点。

从商业银行类别看，国有大型商业银行借记卡新发卡量为 6 169.5 万张，占比 41.9%。从地区分布看，广东（含深圳）、浙江、江苏、山东、河南五省的借记卡新发卡量居前五位，合计 0.7 亿张，占全国借记卡新发卡数量的 47.9%。

图 2　2021 年第二季度借记卡在用发卡量和新发卡量行别分布情况

---

① 支付机构的非现金支付业务包括网络支付业务、银行卡收单业务和预付卡业务。
② 网商银行账户以及微众银行部分账户无实体卡或卡 BIN 号，未计入银行卡数量，因此，银行卡新发卡数量小于个人银行账户新开户数量。
③ 商业银行为落实"断卡"行动要求，加强风险防控，银行卡新发卡量持续下降。

信用卡新发卡量小幅下降。本季度，信用卡新发卡量 3 775.1 万张，环比下降 4.1%，较上季度下降 9.5 个百分点。截至本季度末，信用卡在用发卡量 7.9 亿张，同比增长 4.6%，较上季度下降 0.3 个百分点。

从商业银行类别看，股份制商业银行信用卡新发卡量为 1 827.0 万张，占比 48.4%；农村商业银行信用卡新发卡量环比下降 31.9%。从地区分布看，广东（含深圳）、江苏、山东、浙江、河南五省的信用卡新发卡量居前五位，合计 1 642.2 万张，占全国信用卡新发卡量的 43.5%。

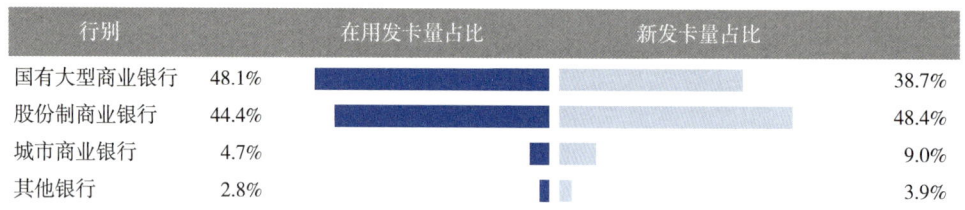

图 3　2021 年第二季度信用卡在用发卡量和新发卡量行别分布情况

2. 银行卡受理

银行卡特约商户和联网机具数量[①]减少。截至本季度末，银行卡跨行支付系统联网机具 3 273.3 万台，环比减少 5.7%；银联联网特约商户 2 403.3 万户，环比减少 7.3%；ATM 机具[②]98.7 万台，同比下降 6.2%。全国每万人对应的联网机具数量为 231.9 台，环比下降 5.7%；每万人对应的 ATM 数量为 7.0 台，同比下降 7.0%。

专栏 2

ATM 机具数量呈现下降趋势

一、我国 ATM 总量位居世界第一，人均保有量处于世界中等水平

截至 2021 年第二季度末，我国现存 ATM 机具数量为 98.7 万台，每万人对应的 ATM 数量为 7.0 台。从全球情况看，根据 CPMI 公布的最新数据，我国 ATM 总数自

① 银行卡跨行支付系统联网特约商户和联网机具数据来源于中国银联股份有限公司。自 2020 年第一季度起，银联调整有关统计口径，新增统计只能受理二维码的扫码枪、小白盒子、商户静态码等设备和对应的线下联网商户，并按照可比口径计算环比数据。

② 自 2018 年第一季度起，ATM 数量统计口径调整，不仅统计银行布放的在用自助存款机、自助取款机、存取款一体机、自助缴费终端等传统自助设备，还新增统计了自助服务终端、可视柜台（VTM）智能柜台等新型终端设备。

2012 年数据公布以来连续八年在 24 个国家① 中排名第一，2019 年的 ATM 总数是排名第二的俄罗斯的 3.8 倍。我国人均 ATM 机具保有量② 在 CPMI 数据库中参与排名的 24 个国家中处于中等水平。

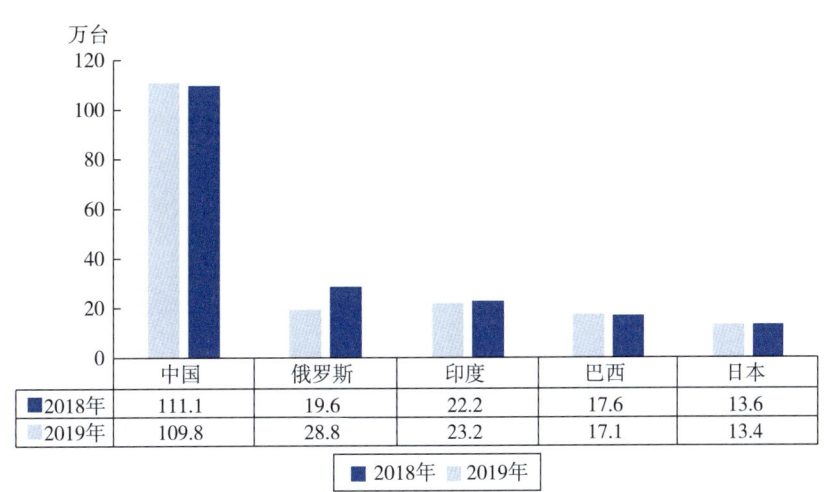

	中国	俄罗斯	印度	巴西	日本
2018年	111.1	19.6	22.2	17.6	13.6
2019年	109.8	28.8	23.2	17.1	13.4

■ 2018年 ■ 2019年

图 1　2018—2019 年 CPMI 数据库 ATM 排名前五详情

二、现金使用减少导致全球 ATM 数量呈现下滑趋势

从全球来看，根据 CPMI 公布的数据，全球其他国家 ATM 机具数量自 2014 年以来增速逐渐放缓，2016 年以后大多数国家 ATM 机具数量均呈现下降趋势，仅俄罗斯和印度 ATM 数量有所增长。从我国来看，我国 ATM 机具在 2008 年至 2014 年经历了快速增长期，从 2014 年开始增速逐年下滑，并自 2018 年起呈现下降趋势（其中，2018 年由于 ATM 数量统计口径扩大导致出现较大增长③）。其背景是随着以移动支付为代表的线上支付快速发展，老旧产能更新换代，社会对现金的需求有所降低，商业银行出于成本考虑，逐步减少 ATM 机具的布放，以存取款为主要功能的传统 ATM 机具逐渐减少。

① 数据来自 CPMI 数据库，数据库共收集了亚洲、美洲、欧洲等地区 24 个主要国家的 ATM 数据，包括阿根廷、澳大利亚、比利时、巴西、加拿大、中国、法国、德国、印度、印度尼西亚、意大利、日本、韩国、墨西哥、荷兰、俄罗斯、沙特阿拉伯、新加坡、南非、西班牙、瑞典、瑞士、土耳其、英国，最新总量数据更新至 2019 年，其中美国未参与 ATM 机具指标的报送。

② 数据来自 CPMI 数据库，最新人均 ATM 保有量数据更新至 2018 年。

③ 自 2018 年起，ATM 数量统计口径调整，不仅统计银行业存款类金融机构布放的在用自助存款机、自助取款机、存取款一体机、自助缴费终端等传统自助设备，新增统计了自助服务终端、可视柜台（VTM）、智能柜台等新型终端设备。

图 2　2008—2020 年我国与世界其他国家 ATM 机具数量对比 ①

三、我国 ATM 机具向多功能化、智能化方向转变

为满足客户对于金融服务质量的要求，商业银行不断创新，推出智能查询服务机、VTM 远程视频柜员机等智能 ATM 终端。相比仅具备存取款功能的传统 ATM 机具，用户通过智能 ATM 终端可以进行个人账户开户、挂失，电子银行签约、理财产品购买、信用卡办理和常见对公结算等业务，极大提升了金融服务的可得性和银行网点金融服务的效率。经对部分商业银行调研，近年来新型智能 ATM 机具数量不断增加，占总体机具的比例也逐年提升，最高占 ATM 总量的五成以上，ATM 机具整体呈现多功能化、智能化的发展趋势。

3. 银行卡存款

银行卡存款余额稳步增长。截至本季度末，全国银行卡存款余额 36.8 万亿元，同比增长 11.0%，占本外币各项存款余额的 15.8%。全国人均存款余额 2.6 万元，同比增长 10.1%；卡均存款余额 0.4 万元，同比增长 5.5%。

4. 银行卡交易

银行卡交易持续增长。本季度，全国共发生银行卡交易② 1 013.2 亿笔，金额 240.2 万亿元，同比分别增长 24.4% 和 9.7%。银行卡日均交易 11.1 亿笔，金额 2.6 万亿元；卡均交易 11.1 笔，金额 2.6 万元，同比分别增长 18.2% 和 4.2%；人均交易 71.8 笔，金额 17.0 万元，同比分别增长 23.3% 和 8.8%。

---

① 其他国家数据来自 CPMI 数据库，目前全球数据更新至 2019 年。
② 银行卡交易量为银行卡本外币交易量之和。

银行卡消费业务持续增长。本季度，全国共发生银行卡消费业务 549.9 亿笔，金额 33.2 万亿元，同比分别增长 29.6% 和 16.4%；银行卡转账业务 433.0 亿笔，金额 189.0 万亿元，同比分别增长 21.5% 和 10.8%。

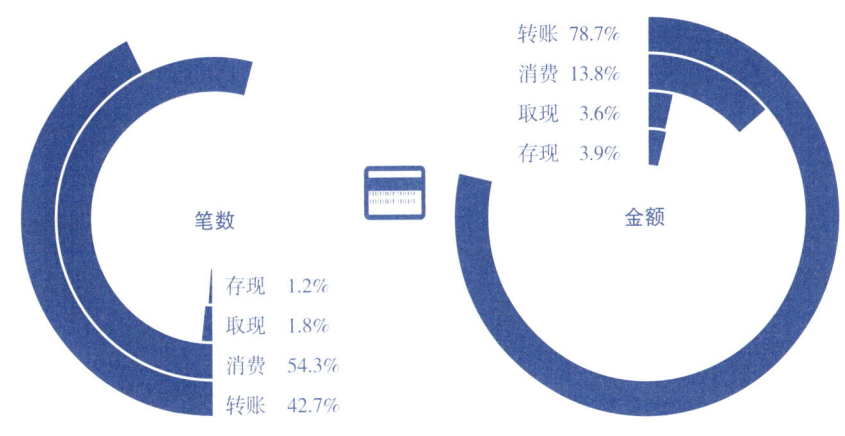

图 4 2021 年第二季度银行卡业务类型分布情况

（1）借记卡交易

本季度，全国共发生借记卡交易 897.2 亿笔，金额 229.3 万亿元，同比分别增长 23.8% 和 9.9%。其中跨行交易[①] 57.6 亿笔，金额 37.7 万亿元，分别占借记卡交易的 6.4% 和 16.5%。借记卡卡均交易 10.8 笔，金额 2.8 万元。借记卡消费业务 436.4 亿笔，金额 23.3 万亿元，分别占借记卡交易的 48.6% 和 10.2%。

从商业银行类别看，国有大型商业银行借记卡消费业务 338.0 亿笔，金额 17.1 万亿元，占比分别为 77.4% 和 73.5%。

从地区分布看，广东（含深圳）、浙江、江苏、山东、河南的借记卡消费金额居前五位。北京、广东（含深圳）、上海、浙江、福建的人均借记卡消费金额居前五位。

从商户类别[②] 看，交通运输类消费笔数居首位，为 5.4 亿笔，占借记卡跨行消费总量的 32.6%；房产汽车类消费金额居首位，为 2.7 万亿元，占借记卡跨行消费总量的 49.6%。

---

① 银行卡跨行交易数据来源于中国银联股份有限公司。
② 商户类别使用银联跨行消费数据进行计算。

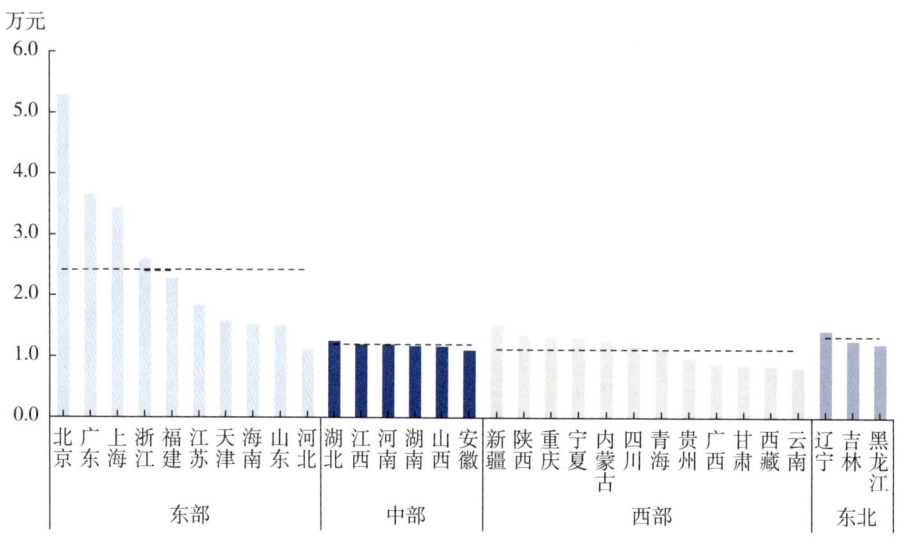

图 5　2021 年第二季度人均借记卡消费业务金额地区分布情况

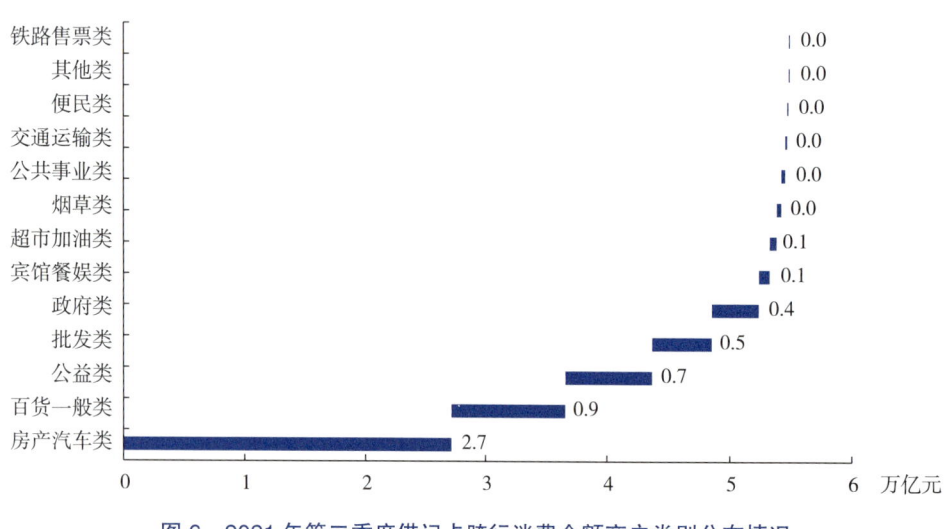

图 6　2021 年第二季度借记卡跨行消费金额商户类别分布情况

（2）信用卡交易

本季度，全国共发生信用卡交易 116.0 亿笔，金额 10.9 万亿元，同比分别增长 29.1% 和 4.1%。其中跨行交易笔数 21.9 亿笔，金额 7.6 万亿元，分别占信用卡交易的 18.9% 和 69.8%。信用卡卡均交易 14.7 笔，金额 1.4 万元。信用卡消费业务 113.4 亿笔，金额 9.8 万亿元，分别占信用卡交易的 97.8% 和 89.8%。

从商业银行类别看，股份制商业银行信用卡消费业务 65.1 亿笔，金额 6.0 万亿元，占比分别为 57.4% 和 61.0%。

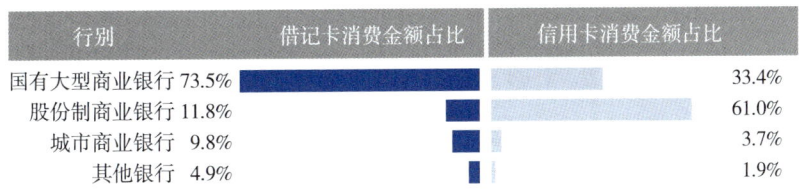

图 7 2021 年第二季度借记卡和信用卡消费金额行别分布情况

从地区分布看，广东（含深圳）、山东、河南、江苏、浙江的信用卡消费金额居前五位。北京、广东（含深圳）、上海、福建、内蒙古的人均信用卡消费金额居前五位。

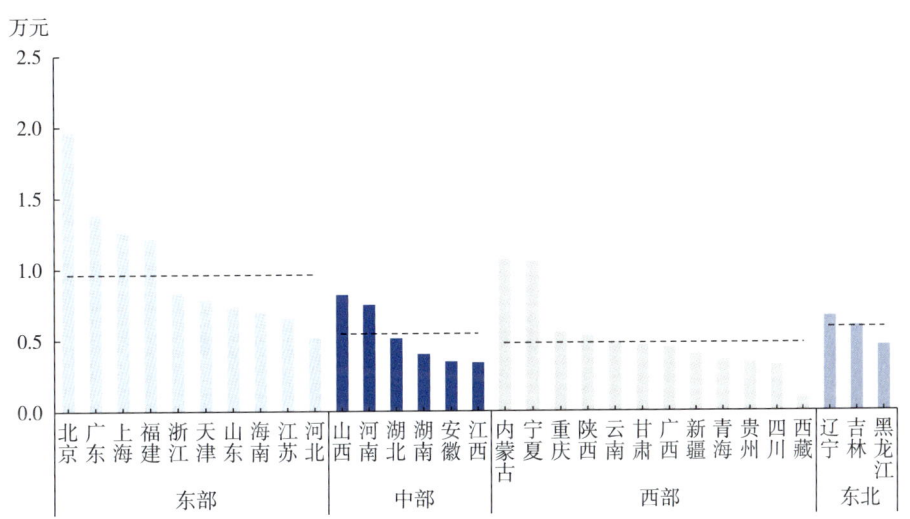

图 8 2021 年第二季度人均信用卡消费业务金额地区分布情况

从商户类别看，百货一般类消费笔数和金额均居首位，分别为 9.2 亿笔，金额 3.9 万亿元，分别占跨行消费总量的 44.9% 和 54.0%。

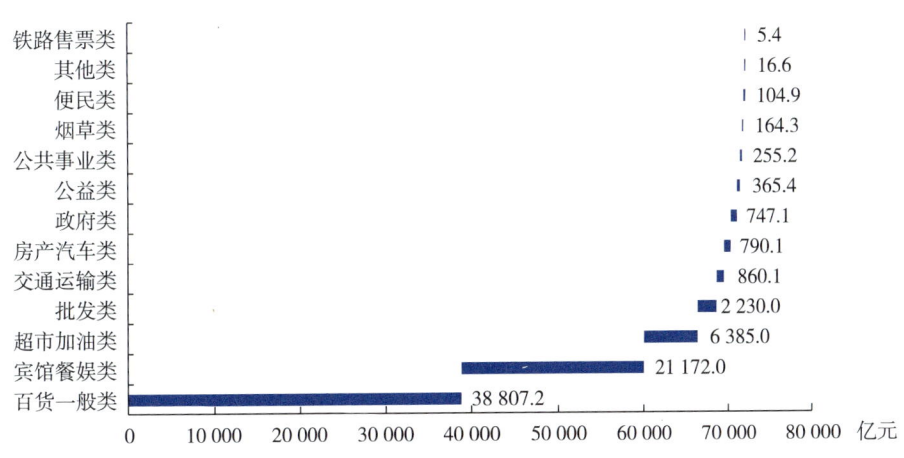

图 9 2021 年第二季度信用卡跨行消费金额商户类别分布情况

5. 商业银行电子支付

本季度，全国商业银行共发生电子支付业务673.9亿笔，金额745.7万亿元，同比分别增长16.7%和10.6%。其中，移动支付370.1亿笔，金额117.1万亿元，同比分别增长22.8%和10.3%；网上支付251.9亿笔，金额605.2万亿元，同比分别增长16.4%和11.8%；电话支付0.6亿笔，同比增长21.0%，金额2.7万亿元，同比下降12.3%；ATM业务24.2亿笔，金额10.0万亿元，同比分别下降13.0%和9.8%；POS业务26.8亿笔，金额10.6万亿元，同比分别下降11.0%和12.5%；其他电子支付0.3亿笔，金额0.1万亿元，同比分别下降82.5%和54.9%。

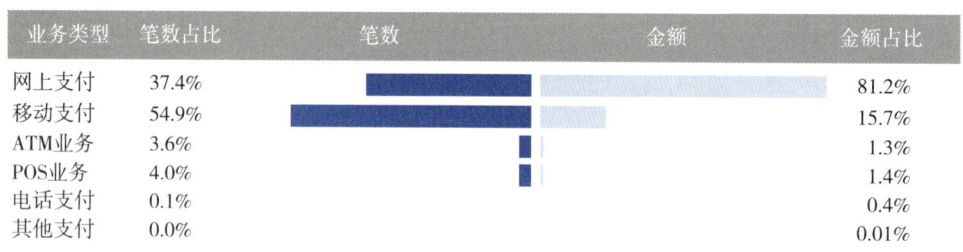

图10　2021年第二季度电子支付业务类型分布情况

从地区分布看，广东（含深圳）、北京、上海、浙江、江苏五省（直辖市）的电子支付业务金额较高，分别为112.5万亿元、104.4万亿元、92.3万亿元、83.4万亿元和61.3万亿元。浙江、广东（含深圳）、江苏、山东、福建五省移动支付业务金额较高，分别为16.0万亿元、14.5万亿元、10.6万亿元、8.2万亿元和6.2万亿元。

6. 信用卡信贷

（1）信用卡授信总额

信用卡授信总额持续增长。截至本季度末，全国信用卡授信总额20.2万亿元，同比增长13.0%；信用卡卡均授信2.6万元，同比增长8.1%。

从商业银行类别看，股份制商业银行、国有大型商业银行、城市商业银行、其他银行的授信总额分别为9.5万亿元、8.6万亿元、1.2万亿元和0.9万亿元，同比分别增长11.5%、11.7%、33.0%和18.9%。

从地区分布看，广东（含深圳）、江苏、浙江、山东、河南的信用卡授信总额居前五位，合计8.7万亿元，占全国信用卡授信总额的42.9%。福建、西藏、上海、重庆和云南信用卡卡均授信额度居前五位；北京、上海、广东（含深圳）、福建和浙江的信用卡人均授信额度居前五位。

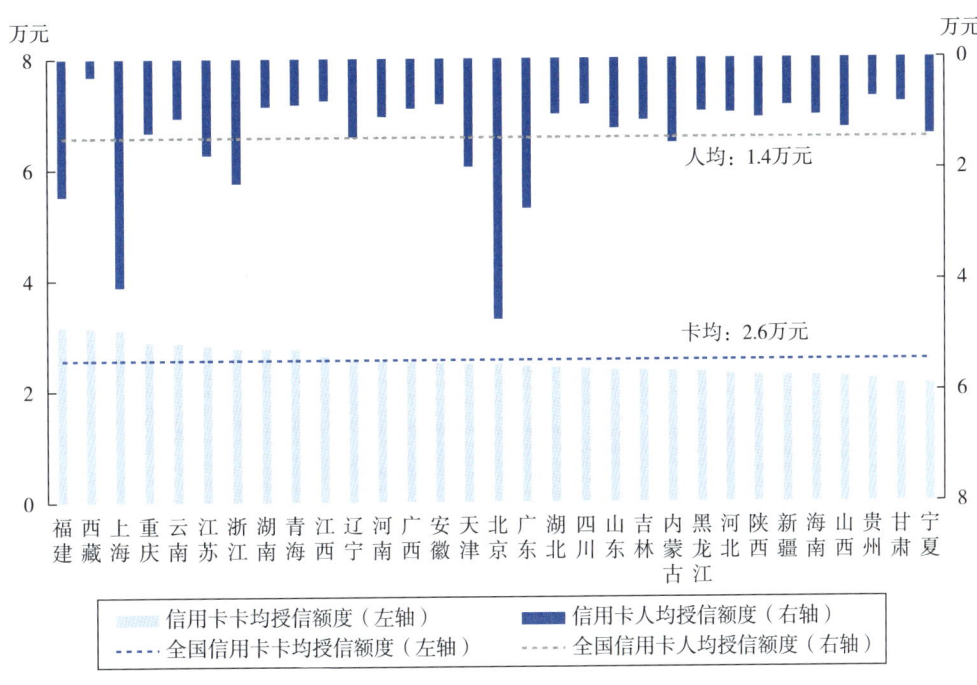

图 11 2021 年第二季度信用卡卡均和人均授信额度分地区情况

（2）信用卡应偿信贷余额

信用卡应偿信贷余额继续回升。截至本季度末，全国信用卡应偿信贷余额 8.2 万亿元，同比增长 9.1%；信用卡授信使用率为 40.4%，较上年同期下降 1.4 个百分点。

从商业银行类别看，股份制商业银行（4.2 万亿元）、国有大型商业银行（3.3 万亿元）、城市商业银行（0.4 万亿元）、其他银行（0.3 万亿元）的信用卡应偿信贷余额同比分别增长 6.1%、11.3%、20.7% 和 13.8%，信用卡授信使用率分别为 43.5%、38.1%、35.7% 和 35.6%。

从地区分布看，广东（含深圳）、浙江、江苏、山东、福建五省信用卡应偿信贷余额居前五位，合计 3.7 万亿元，占全国总量的 45.7%。北京、广东（含深圳）、福建、上海和浙江的人均信用卡应偿信贷余额居前五位。贵州（51.8%）、海南（48.9%）、广东（含深圳，47.1%）、福建（46.8%）、广西（45.3%）的信用卡授信使用率居前五位。

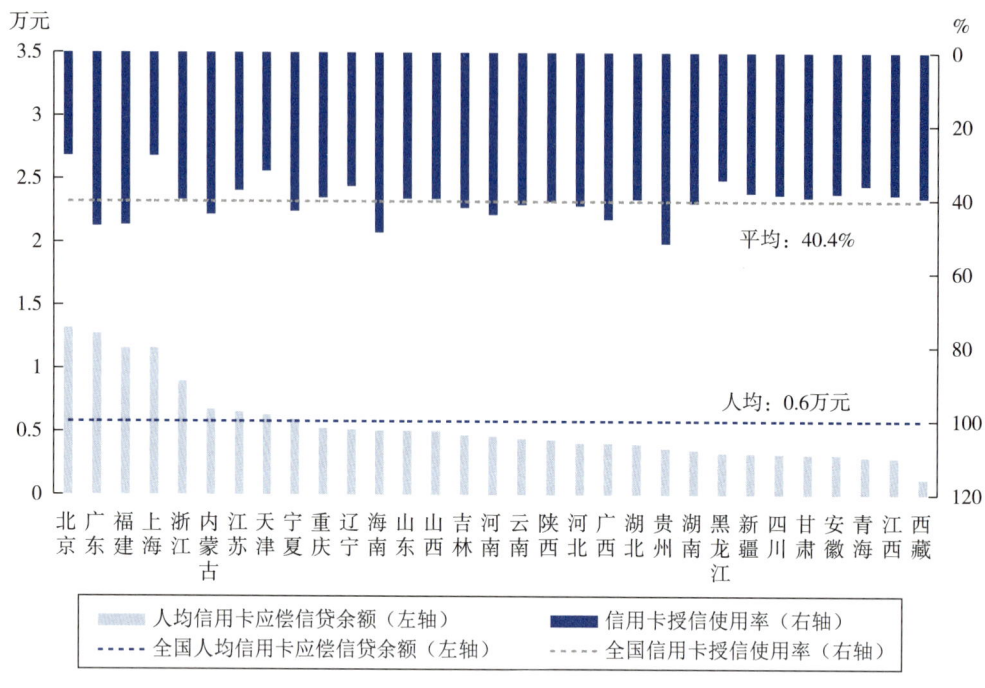

图 12　2021 年第二季度信用卡人均应偿信贷余额和信用卡授信使用率分地区情况

专栏 3

信用卡消费稳定增长，不良率有所下降

2021 年第二季度数据显示，我国信用卡市场恢复有序发展，信用卡消费稳定增长，不良率有所下降，发卡授信稳步恢复，拨备覆盖仍充足。

一、信用卡消费水平稳定增长，教育领域信用卡交易恢复较快

2021 年第二季度全国信用卡消费 113.42 亿笔，同比增长 29.85%，金额 9.83 万亿元，同比增长 5.25%，总体消费水平稳定增长。从行业看，信用卡消费在教育、慈善、吃住等领域持续发挥积极作用，信用卡消费交易笔数同比增速靠前的商户类别分别是教育机构类（90.07%）、慈善及社会福利机构类（60.55%）、餐饮类（26.62%）和其他客运类（20.92%）。

二、信用卡不良率有所下降，短期逾期持续下降

信用卡不良率反映信用卡不良贷款占应偿信贷总额的比重，是衡量银行信用卡债务风险水平的重要指标，该项指标越高，表明卡债风险越大。2021 年第二季度末信用卡不良率为 1.75%，较上年第二季度末下降 0.42 个百分点，较今年第一季度末下降 0.20 个百分点，还原核销后的不良率为 2.36%，较上年第二季度末下降 0.62 个百分点，较 2021 年第一季度末下降0.29个百分点，表明债务风险有所下降。逾期透支余额为2 542.31亿元，同比下降16.18%，环比下降5.28%。从新增短期逾期情况看，新增短期逾期90天以内透支余额为1 089.98亿元，环比下降2.69%，表明新增短期逾期风险呈持续下降趋势。

三、信用卡发卡规模小幅收紧，信贷规模稳步增长

信用卡市场规模可通过发卡量和授信总额两个指标衡量。2021年第二季度信用卡发卡规模小幅收紧，2021年第二季度信用卡新发卡0.38亿张，同比下降5.52%，环比下降4.11%。虽然同比、环比均有所下降，但与2020年平均新发卡量基本持平。与此同时，2021年第二季度信用卡授信总额为20.23万亿元，同比增长12.99%，环比增长3.01%，增幅接近疫情发生前2019年末水平，信贷规模稳步恢复。信用卡发卡量和授信额度反向变动，从发卡驱动转向用卡驱动，信贷质量有所提升。

四、信用卡不良资产处置力度继续保持，信用卡拨备覆盖充足

信用卡拨备覆盖率[1]是衡量信用卡信用损失准备金是否充足的重要指标，该指标越高，说明抵御风险的能力越强。2021年第二季度，受信用卡逾期账户透支余额持续下降影响，核销信用卡不良资产494.74亿元，同比下降18.35%，环比下降10.6%，信用卡资产质量好转迹象持续显现。另外，提高损失准备金计提，第二季度末信用卡信用损失准备金余额为3 095.37亿元，同比增长1.07%，环比增长0.59%，信用卡拨备覆盖率为215.74%，同比增长27.62个百分点，环比增长18.99个百分点，拨备覆盖保持充足。

（二）票据

票据业务量小幅下降。 本季度，全国共发生票据业务3 212.1万笔，金额27.9万亿元，同比分别下降10.0%和6.3%。日均票据业务35.3万笔，金额3 063.1亿元[2]。

---

[1] 信用卡拨备覆盖率=信用损失准备余额/信用卡不良资产余额。2018年2月28日，《关于调整商业银行贷款损失准备监管要求的通知》（银监发〔2018〕7号）发布，明确了拨备覆盖率监管要求由150%调整至120%~150%，对信用卡贷款损失未作单独要求。

[2] 2021年第二季度共计91个自然日。

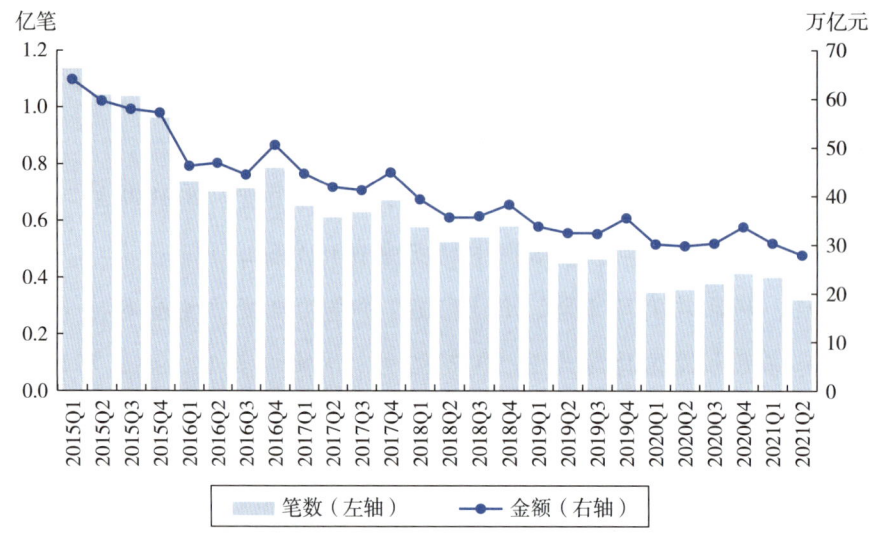

图 13 票据业务量（2015Q1—2021Q2）

1. 商业汇票

商业汇票业务量小幅增长。本季度，商业汇票承兑业务 690.9 万笔，金额 6.2 万亿元；贴现业务 248.0 万笔，金额 4.0 万亿元，同比分别增长 36.9% 和 13.5%；交易[①] 436.3 万笔，金额 19.1 万亿元；再贴现业务 0.7 万笔，金额 4 338.4 亿元。电子商业汇票[②] 背书业务 3 479.9 万笔，金额 14.2 万亿元。

本季度，全国共发生商业汇票兑付业务 655.7 万笔，金额 5.6 万亿元，同比分别增长 11.5% 和 20.8%。其中，电票业务 606.1 万笔，金额 5.6 万亿元，占比分别为 92.4% 和 98.9%；纸票业务 49.6 万笔，金额 646.5 亿元。

---

① 包含转贴现、质押式回购和买断式回购。
② 电子商业汇票数据来源于上海票据交易所。

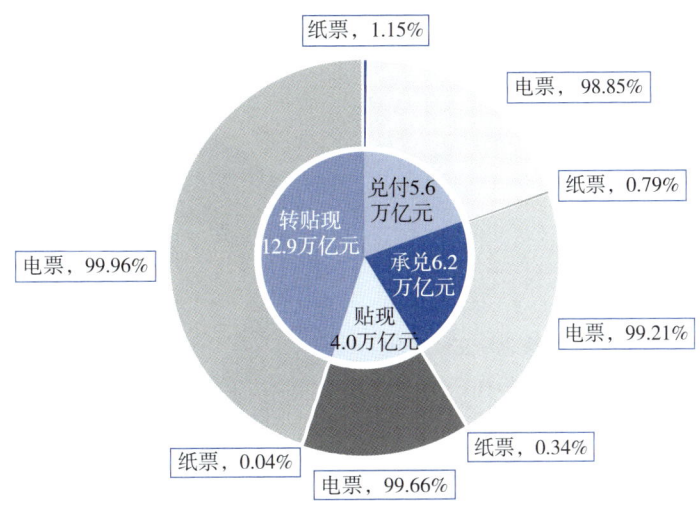

图14　2021年第二季度商业汇票业务类型分布情况①

2. 其他票据

其他票据业务量持续下降。本季度，全国共发生支票业务2 547.0万笔，金额22.1万亿元，同比分别下降14.1%和11.2%；银行汇票业务3.1万笔，金额251.6亿元，同比分别下降38.2%和24.6%；银行本票业务6.3万笔，金额881.7亿元，同比分别下降41.1%和23.6%。

3. 票据风险

支票违规业务量大幅下降。本季度，全国共发生支票违规业务17笔，涉及票面金额252.7万元，同比分别下降71.7%和53.9%，分别占支票业务量的0.0007‰和0.0001‰。其中，空头支票17笔，金额252.7万元；预留签章不符支票0笔，金额0万元。

截至本季度末，全国银行商业汇票逾期垫款金额525.7亿元，同比下降19.3%。银行承兑汇票拒付4.7万笔，金额149.2亿元。商业承兑汇票拒付11.2万笔，金额1 001.4亿元。

（三）其他结算业务

其他结算方式业务量有所增长。本季度，全国共发生贷记转账、直接借记、托收承付以及国内信用证结算业务25.5亿笔，金额812.7万亿元，同比分别增长14.3%和5.8%。其中，贷记转账业务24.5亿笔，金额799.3万亿元，同比分别增长14.7%和6.0%。

二、支付机构非现金支付

本季度，支付机构共办理非现金支付2 896.1亿笔，金额99.0万亿元，同比分别增长

---

① 贴现、交易和再贴现不区分纸票和电票。

30.0% 和 22.8%。

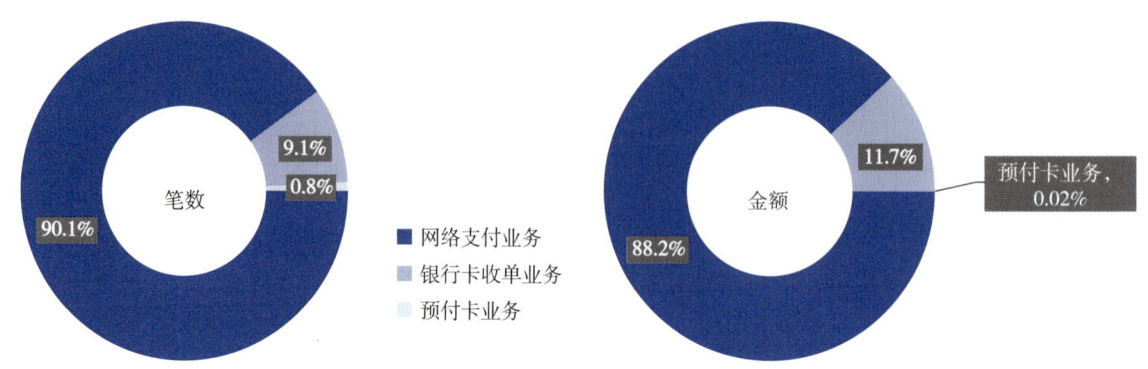

图 15　2021 年第二季度支付机构非现金支付业务类型分布情况[①]

（一）网络支付

支付机构网络支付业务持续增长。本季度，支付机构共办理网络支付业务 2 608.3 亿笔，金额 87.3 万亿元，同比分别增长 28.2% 和 24.4%。其中，互联网支付业务 282.1 亿笔，金额 9.3 万亿元；移动电话支付业务 2 326.2 亿笔，金额 78.0 万亿元；固定电话支付业务 2.2 万笔，金额 1 133.6 万元；数字电视支付业务 164 笔，金额 1.34 万元。

（二）银行卡收单

支付机构银行卡收单业务保持增长。本季度，支付机构共办理银行卡收单[②]业务 264.2 亿笔，金额 11.6 万亿元，同比分别增长 50.6% 和 11.9%。

（三）预付卡

支付机构预付卡受理和发行业务同比增长。本季度，支付机构共办理预付卡受理业务 23.6 亿笔、金额 169.3 亿元，同比分别增长 31.2% 和 23.7%。支付机构新发行预付卡 7 128.07 万张，金额 149.8 亿元，同比分别增长 51.5% 和 15.5%。其中，预付卡应用范围以超市为主的支付机构新发卡数量占比 24.1%，金额占比 56.4%；仅限办理线上充值预付卡业务的支付机构新发卡数量占比 69.3%，金额占比 18.0%；公共交通领域发卡数量占比 6.6%，金额占比 25.7%。

---

① 预付卡业务金额因占比过小，在图中无法展示。
② 包含线下条码支付业务。

专栏 4

我国移动支付保持快速发展

一、我国移动支付市场保持快速发展，有效满足人民群众支付需求

2021 年第二季度，商业银行办理移动支付业务 370.1 亿笔、金额 117.1 万亿元，同比分别增长 22.8% 和 10.3%；支付机构办理移动支付业务 2 326.2 亿笔、78.0 万亿元，同比分别增长 27.5%、28.9%。商业银行移动支付业务金额占比较高，支付机构在高频小额场景方面发挥重要作用。

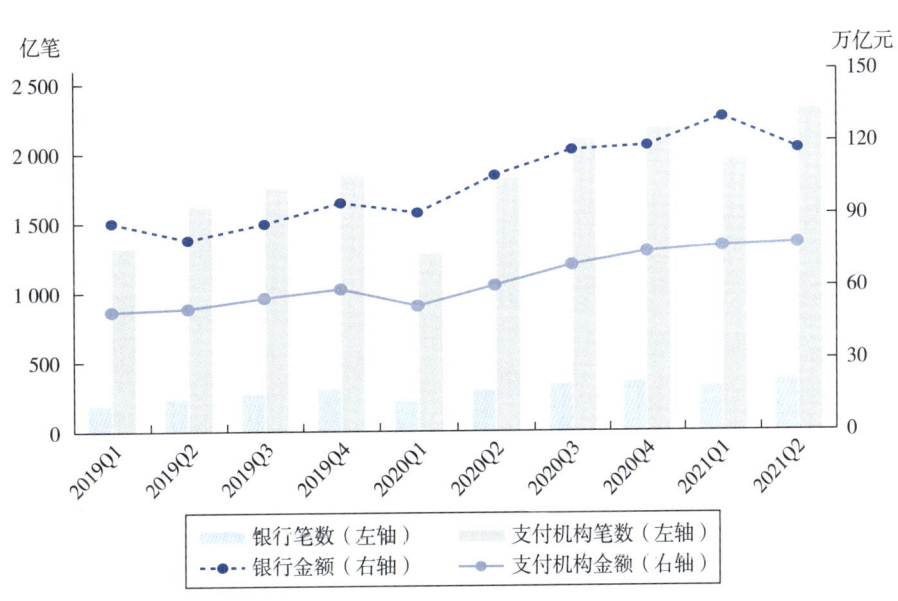

图 1 银行与支付机构移动支付业务量趋势

二、农村地区移动支付业务量快速增长，有效助力普惠金融发展

农村地区移动支付业务金额年均复合增速高于城镇地区 5.0 个百分点。2021 年第二季度，农村地区移动支付业务金额 64.0 万亿元，占移动支付业务总量的 32.8%，同比增长 26.3%，近两年年均复合增速 25.7%。城镇地区移动支付业务金额 131.2 万亿元，占移动支付业务总量的 67.2%，同比增长 13.0%，近两年年均复合增速 20.7%。

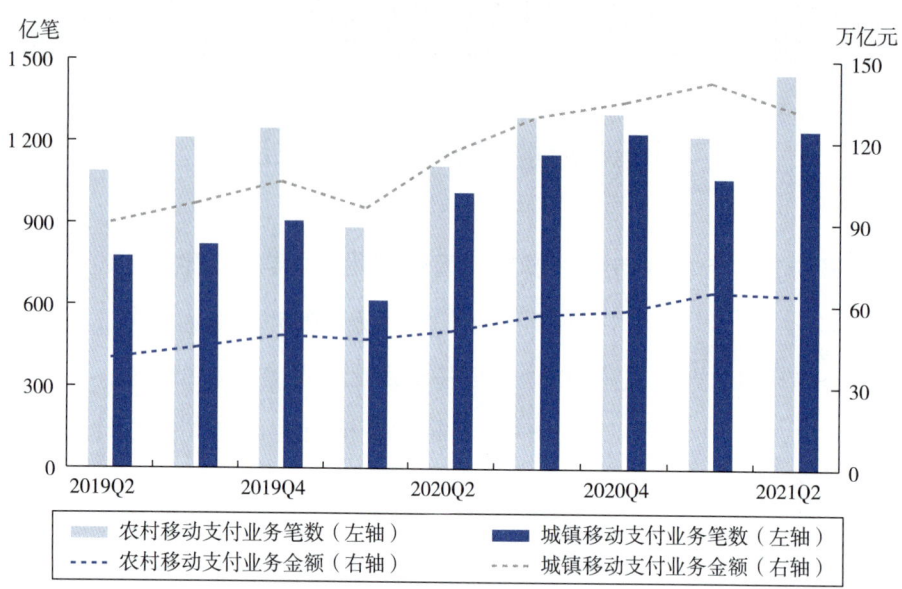

图2 城乡移动支付业务量趋势

第三部分
支付系统

支付系统运行平稳。本季度，支付系统共处理业务 2 250.5 亿笔，金额 2 303.3 万亿元，是同期 GDP 的 81 倍。其中，大额支付系统业务金额占比 66.0%。

一、人民银行支付系统

（一）大额实时支付系统

大额实时支付系统业务金额保持稳定。截至本季度末，共有 4 255 家商业银行接入大额实时支付系统。本季度，大额实时支付系统处理业务 1.2 亿笔，同比下降 5.9%，金额 1 519.0 万亿元，同比增长 1.3%，分别占支付系统业务量的 0.1% 和 66.0%。日均处理 187.9 万笔，金额 24.5 万亿元。

1. 从发起主体类型看，客户发起汇兑业务 1.1 亿笔，同比下降 7.2%，金额 740.8 万亿元，同比增长 5.2%，分别占大额实时支付系统处理业务量的 92.6% 和 48.8%。

2. 从业务类型看，债券交易结算业务清算资金[①]81.5 万笔，同比增长 17.0%，金额 151.8 万亿元，同比下降 0.1%；完成同业拆借资金 73.3 万笔，金额 115.5 万亿元，同比分别增长 562.8% 和 30.3%。

3. 从地区资金流动情况看，大额实时支付系统资金流动 3 038.0 万亿元，其中，省内资金流动 1 266.2 万亿元，同比增长 7.1%，省际资金流动 1 771.8 万亿元，同比下降 2.5%。省内资金流动量占资金流动总量的 41.7%，较上季度下降 0.3 个百分点。

---

① 大额实时支付系统债券交易结算业务指中央国债登记结算公司通过大额实时支付系统发生的业务。

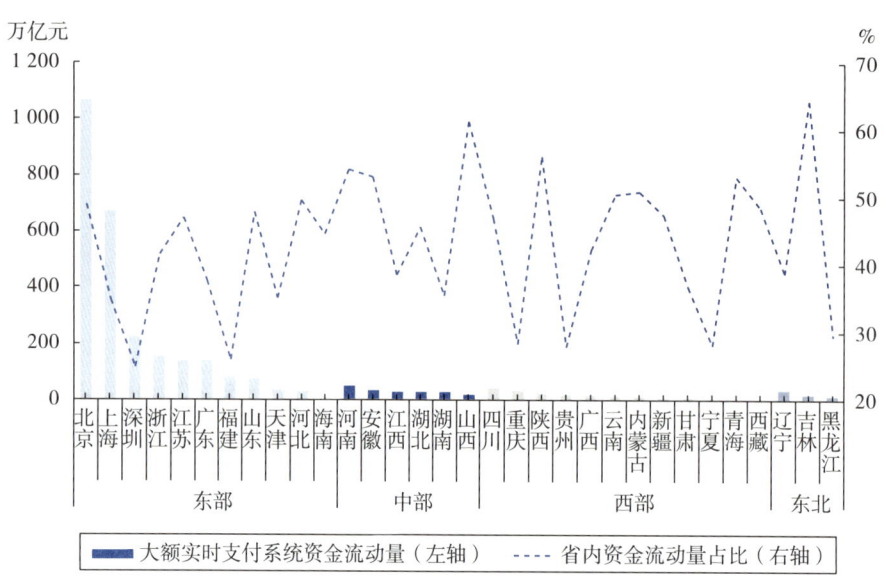

图 16 2021 年第二季度大额支付系统地区资金流动量情况

（二）小额批量支付系统

小额批量支付系统业务量保持增长。截至本季度末，共有 4 020 家商业银行接入小额批量支付系统。本季度，小额批量支付系统共处理业务 9.7 亿笔，金额 39.0 万亿元，同比分别增长 11.5% 和 4.9%，分别占支付系统业务量的 0.4% 和 1.7%。日均处理 1 071.3 万笔，金额 4 285.4 亿元。

从业务类型看，借记业务增长较快。本季度，小额批量支付系统处理贷记业务 9.1 亿笔，金额 37.9 万亿元，同比分别增长 5.7% 和 4.2%；处理借记业务 0.7 亿笔，金额 1.1 万亿元，同比分别增长 330.5% 和 40.6%。

从地区分布看[①]，东部地区业务金额增速较快。东部通过小额批量支付系统处理的业务金额同比增长 9.3%，中部通过小额批量支付系统处理的业务金额同比下降 8.4%，西部和东北地区通过小额批量支付系统处理的业务金额同比分别增长 0.1% 和 0.6%。本季度，上海、浙江、广东、江苏和北京的小额批量支付系统业务金额居前五位，合计业务金额 19.1 万亿元，占比 49.1%。

---

① 按城市处理中心划分，不含人民银行、国库会计数据集中系统、中国银联、网联清算数据。

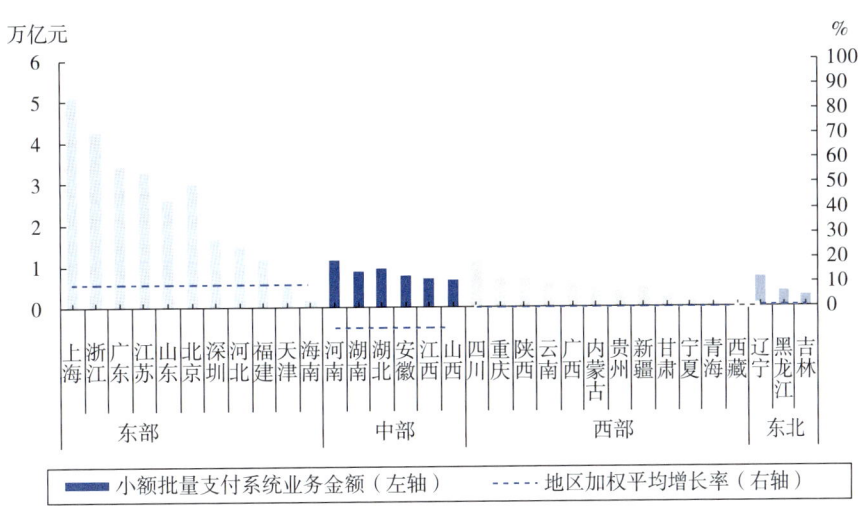

图 17　2021 年第二季度小额批量支付系统业务金额分地区情况

（三）网上支付跨行清算系统

网上支付跨行清算系统金额增速放缓。截至本季度末，共有 457 家商业银行接入网上支付跨行清算系统。本季度，网上支付跨行清算系统共处理业务 44.1 亿笔，金额 66.8 万亿元，同比分别增长 16.0% 和 40.3%，分别占支付系统业务量的 2.0% 和 2.9%。日均处理 4 850.9 万笔，金额 7 335.8 亿元。

从业务类型看，借贷记业务增长放缓。本季度，网上支付跨行清算系统处理贷记业务 44.0 亿笔，金额 66.6 万亿元，同比分别增长 15.9% 和 40.3%；处理借记业务 1 692.9 万笔，金额 1 351.4 亿元，同比分别增长 32.6% 和 33.9%。

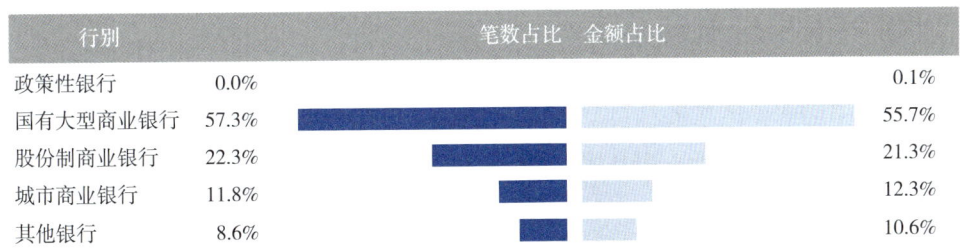

图 18　2021 年第二季度网上支付跨行清算系统业务量占比情况

（四）境内外币支付系统

境内外币支付系统业务量持续增长。截至本季度末，共有 68 家商业银行接入境内外币支付系统。本季度，境内外币支付系统共处理业务 94.8 万笔，金额 5 237.0 亿美元[①]（折合

[①]　境内外币系统业务量折合人民币和美元时，使用统计期末最后一个交易日汇率计算。

人民币约 3.4 万亿元），笔数和金额同比分别增长 58.3% 和 53.8%。日均处理 1.5 万笔，金额 84.5 亿美元（折合人民币约为 545.7 亿元）。

分币种看，境内外币支付系统中美元业务占主导。本季度，境内外币支付系统处理美元支付业务 91.7 万笔，金额 4 998.2 亿美元（折合人民币约 3.2 万亿元），同比分别增长 61.5% 和 53.3%，占比分别为 96.8% 和 95.4%；处理欧元支付业务 1.9 万笔，同比增长 26.4%，金额 180.4 亿美元（折合人民币约为 1 165.5 亿元），同比增长 87.3%，占比分别为 2.0% 和 3.4%。

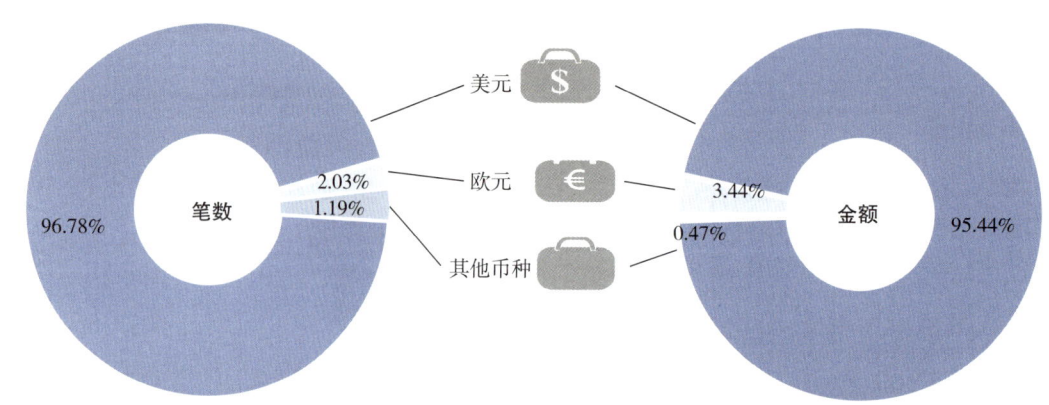

图 19　2021 年第二季度境内外币支付系统业务金额币种分布情况

二、其他清算机构支付系统[①]

（一）银行卡跨行支付系统[②]

银行卡跨行支付系统业务量[③]保持增长。截至本季度末，共有 1 690 家机构接入银行卡跨行支付系统，其中商业银行 1 560 家，支付机构 130 家。本季度，银行卡跨行支付系统[④]

[①]　根据人民银行"断直连"工作要求，第三方支付机构全部接入银联或网联系统，城银清算有限公司和农信银资金清算中心成员机构与第三方支付机构之间的业务不再计入城商行支付清算系统、农信银支付清算系统业务量统计。

[②]　银行卡跨行支付系统数据来源于中国银联股份有限公司。

[③]　自 2015 年起，银行卡跨行支付系统业务量包括 ATM、POS 以及基于银行卡的通过互联网、电话等渠道成功进行的跨行交易。

[④]　自 2018 年第二季度起，银行卡跨行支付系统业务笔数仅包含资金清算的交易，不含查询、账户验证等不参与资金清算的交易，并按照可比口径计算环比数据。自 2019 年第一季度起，银行卡跨行支付系统业务量还包括支付机构发起的通过银行卡跨行支付系统处理的涉及银行账户的网络支付业务量。

共处理业务 513.8 亿笔，金额 54.8 万亿元，同比分别增长 48.0% 和 18.1%，分别占支付系统业务量的 22.8% 和 2.4%。日均处理 5.6 亿笔，金额 6 018.0 亿元。

从业务类型看，商业银行和支付机构合作业务笔数占比最大。本季度，银行卡跨行支付系统处理传统转接清算业务 41.3 亿笔，金额 14.3 万亿元，占比分别为 8.0% 和 26.1%；处理贷记等其他业务 38.1 亿笔，金额 31.1 万亿元，占比分别为 7.5% 和 56.7%；处理商业银行和支付机构合作业务 434.3 亿笔，金额 9.4 万亿元，占比分别为 84.5% 和 17.2%。

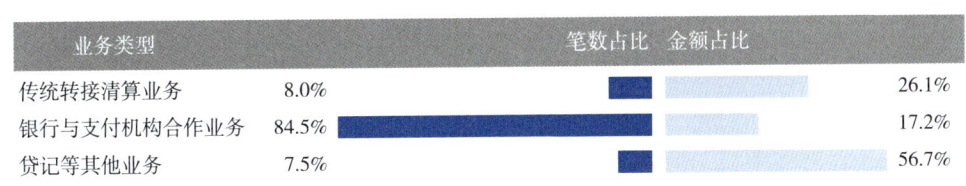

图 20　2021 年第二季度银行卡跨行支付系统业务类型情况

（二）网联清算平台[①]

网联清算平台业务量持续增长。截至本季度末，共有 692 家机构接入网联清算平台，其中商业银行 561 家，支付机构 131 家。本季度，网联清算平台共处理业务 1 629.5 亿笔，金额 112.0 万亿元[②]，同比分别增长 27.8% 和 42.4%，分别占支付系统业务量的 72.4% 和 4.9%。日均处理 17.9 亿笔，金额 1.2 万亿元。

从业务类型看，快捷支付业务笔数占比较高。本季度，网联清算平台共处理快捷支付业务 1 230.2 亿笔，金额 50.6 万亿元，占比分别为 75.5% 和 45.2%；处理付款业务 342.4 亿笔，金额 58.9 万亿元，占比分别为 21.0% 和 52.6%；处理其他支付业务 57.0 亿笔，金额 2.5 万亿元，占比分别为 3.5% 和 2.2%。

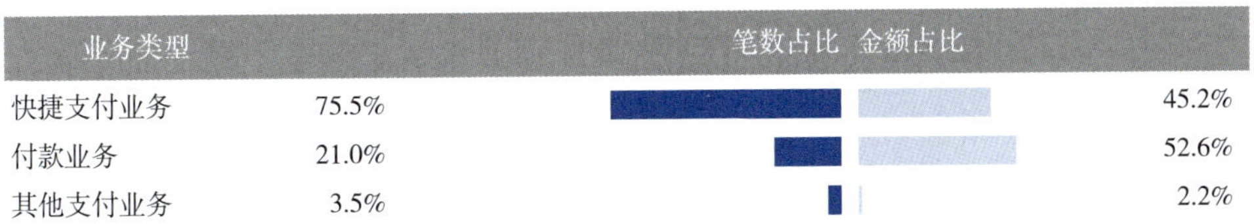

图 21　2021 年第二季度网联清算平台业务类型情况

---

① 网联清算平台数据来源于网联清算有限公司。
② 该数据为支付机构发起的通过网联平台处理的涉及银行账户的网络支付业务量。

（三）城市商业银行汇票处理系统和支付清算系统[①]

城市商业银行汇票处理系统和支付清算系统业务量持续增长。截至本季度末，共有156家商业银行接入城市商业银行汇票处理系统和支付清算系统。本季度，城市商业银行汇票处理系统和支付清算系统[②]共处理业务390.6万笔，金额4 551.5亿元，同比分别增长173.3%和91.5%。日均处理4.3万笔，金额50.0亿元。

从业务类型看，汇兑业务金额超过九成。本季度，城市商业银行汇票处理系统和支付清算系统共处理汇兑业务281.8万笔，金额4 146.1亿元，占比分别为72.2%和91.1%。

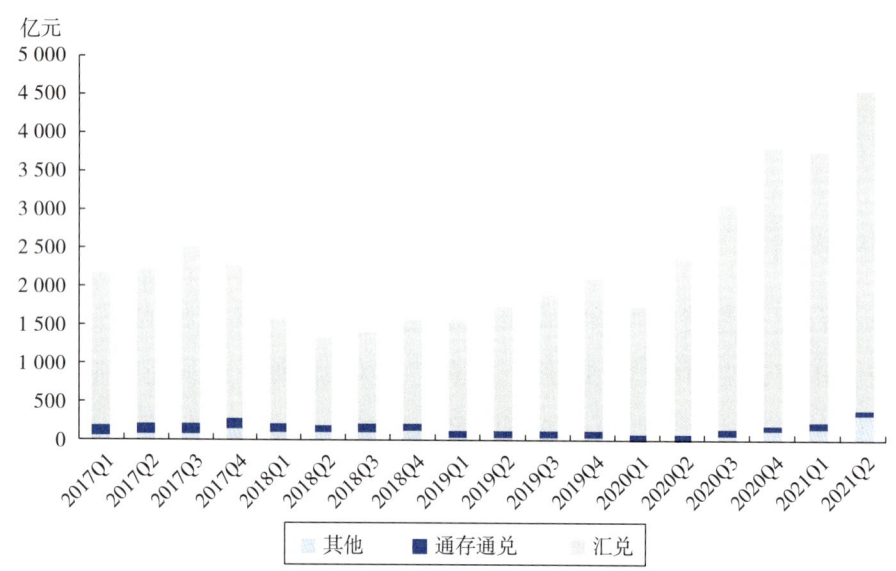

图22　城市商业银行汇票处理系统和支付清算系统业务金额（2017Q1—2021Q2）

（四）农信银支付清算系统[③]

农信银支付清算系统业务量持续增长。截至本季度末，农信银支付清算系统共有参与者45 415家。本季度，农信银支付清算系统共处理业务6.5亿笔，同比增长42.6%，金额8 109.7亿元，同比增长26.2%。日均处理711.7万笔，金额89.1亿元。

从业务类型看，本季度，农信银支付清算系统共处理签发、通存通兑和电子汇兑业务4.5亿笔，环比增长14.0%，金额7 710.0亿元，环比下降6.3%；处理其他业务2.0亿笔，金

[①] 城市商业银行汇票处理系统和支付清算系统数据来源于城银清算服务有限责任公司。
[②] 自2017年起，城市商业银行汇票处理系统和支付清算系统业务除包括银行汇票、汇兑、通存通兑外，还包括实时代收付业务。
[③] 农信银支付清算系统数据来源于农信银资金清算中心。

额 399.8 亿元。

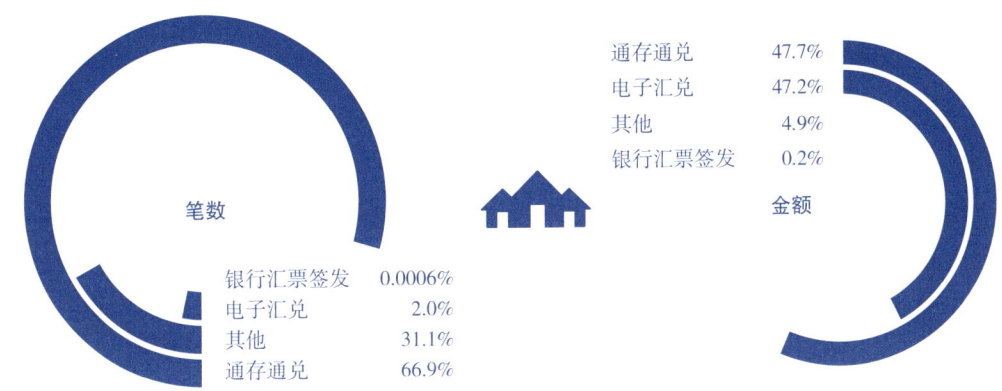

图 23　2021 年第二季度农信银支付清算系统业务类型情况

（五）人民币跨境支付系统[①]

人民币跨境支付系统业务量增速扩大。截至本季度末，人民币跨境支付系统共有 53 家直接参与者。本季度，人民币跨境支付系统共处理业务 80.6 万笔，金额 19.1 万亿元，同比分别增长 63.8% 和 90.5%。日均处理 1.3 万笔，金额 3 086.6 亿元。

其中，客户汇款业务 63.1 万笔，金额 3.4 万亿元，同比分别增长 67.1% 和 94.8%；金融机构汇款业务 15.7 万笔，金额 14.0 万亿元，同比分别增长 58.2% 和 98.9%；"债券通"业务资金结算 1.7 万笔，金额 1.7 万亿元。

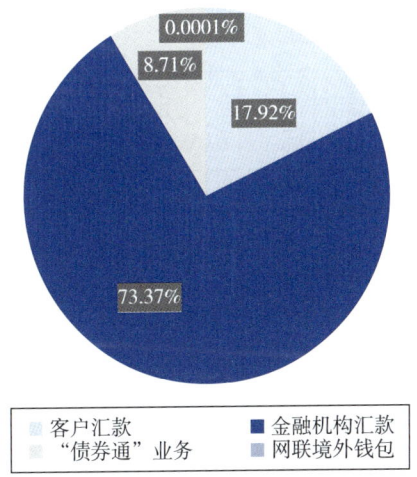

图 24　2021 年第二季度人民币跨境支付系统业务类型情况（按金额）

---

① 人民币跨境支付系统数据来源于跨境银行间支付清算有限责任公司。

专栏 5

跨境人民币支付业务快速增长

2021年第二季度，人民币跨境支付系统共处理业务80.6万笔，金额19.1万亿元，同比分别增长63.8%和90.5%，增幅较上年同期上升55.0和68.1个百分点，较疫情前的2019年同期上升30.6和65.0个百分点。

分业务类型看，金融机构汇款业务、客户汇款业务、"债券通"业务的金额分别占比73.4%、17.9%、8.7%，同比分别增长98.9%、94.8%、35.8%。

分商业银行类别看，国有商业银行、股份制商业银行、城市商业银行、外资银行、其他银行业务金额分别占比20.7%、13.8%、0.2%、12.8%、52.5%，同比分别增长3.1%、202.8%、100.7%、140.4%、134.1%。

图1 跨境支付系统业务情况（2018Q1—2021Q2）

三、银行行内业务系统[①]

银行行内业务系统业务量持续增长。本季度，银行行内业务系统共处理业务45.6亿

---

① 根据人民银行"断直连"工作要求，第三方支付机构全部接入银联或网联系统，商业银行与支付机构之间的业务不再计入银行行内业务系统业务量统计。

笔，环比增长 0.8%，金额 488.0 万亿元，环比下降 2.3%，分别占支付系统业务量的 2.0% 和 21.2%。日均处理 5 014.1 万笔，金额 5.4 万亿元。

从商业银行类别看，国有大型商业银行行内业务系统业务量占比最大。本季度，国有大型商业银行共处理业务 23.1 亿笔，金额 299.6 万亿元，占比分别为 50.7% 和 61.4%；股份制商业银行共处理 4.1 亿笔，金额 96.8 万亿元，占比分别为 8.9% 和 19.8%；城市商业银行共处理业务 6.4 亿笔，金额 27.1 万亿元，占比分别为 14.1% 和 5.6%；其他银行共处理业务 12.0 亿笔，金额 64.6 万亿元，占比分别为 26.3% 和 13.2%。

图 25　2021 年第二季度银行行内业务系统行别分布情况

四、中央银行会计核算数据集中系统

2021 年第二季度，46 家金融机构接入中央银行会计核算数据集中系统（ACS）综合前置子系统。截至 2021 年 6 月 30 日，4 446 家金融机构、229 家非银行支付机构在 ACS 开户，金融机构通过账户主要办理现金存取、资金划转、准备金交存、各项货币政策工具资金发放和归还、同城票交净额清算等中央银行会计核算业务，非银行支付机构通过账户主要办理网联/银联提交的净额清算业务。开户的金融机构中，95 家已开通资金归集功能，日均节约流动性 235.6 亿元；3 839 家金融机构通过接入 ACS 综合前置子系统实现了在线办理中央银行会计核算业务，金融机构业务线上办理比率达 95.07%。

第四部分
证券结算

一、中央债券综合业务系统[1]

本币债托管量稳步增长。截至本季度末,中央结算公司托管债券全部为本币债,共计80.8万亿元,同比增长15.1%。其中,可流通债券79.4万亿元,不可流通债券1.4万亿元。

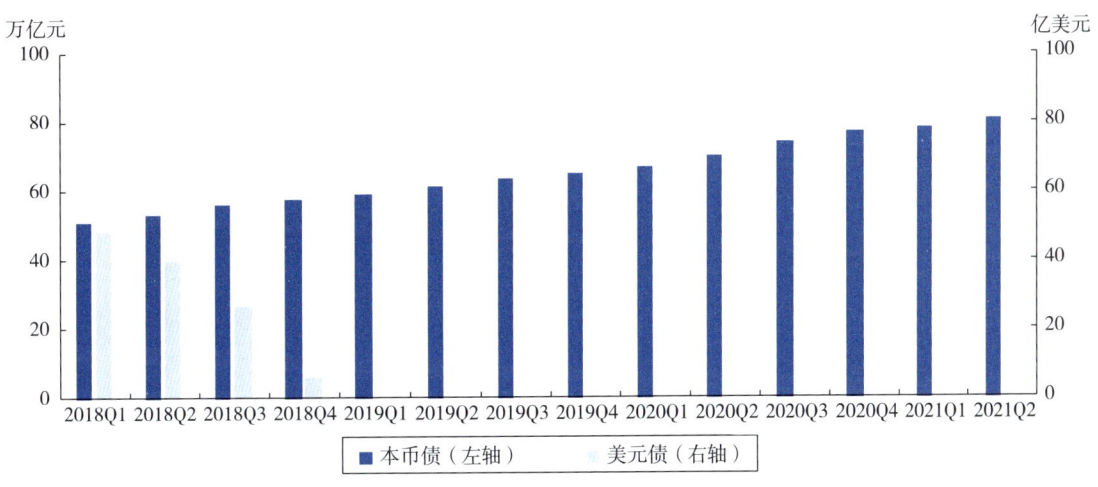

图26 中央结算公司托管债券数量(2018Q1—2021Q2)

本季度,中央结算公司现券交易结算76.7万笔,金额34.0万亿元,笔数同比增长11.9%,金额同比下降31.2%;回购交易结算55.0万笔,同比增长21.9%,金额203.1万亿元,同比下降3.5%。

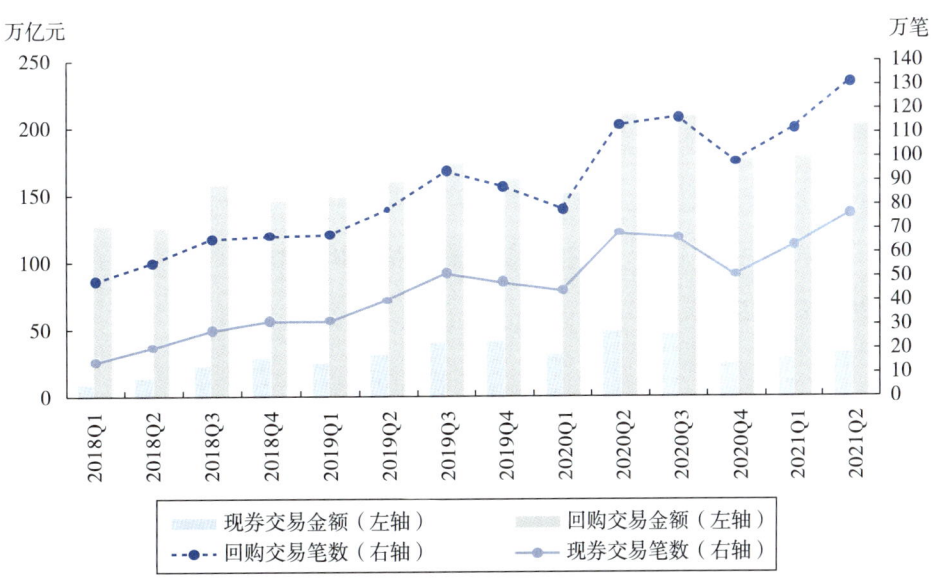

图27 中央结算公司现券交易和回购交易业务情况(2018Q1—2021Q2)

---

[1] 中央债券综合业务系统数据来源于中央国债登记结算有限责任公司。

券款对付（DVP）结算业务笔数保持增长。本季度末，全国共29 614家银行间结算成员办理DVP结算业务，较上季度增加893家。本季度，结算成员共办理DVP资金结算业务186.7万笔，同比增长17.9%，金额438.6万亿元，同比下降6.6%。

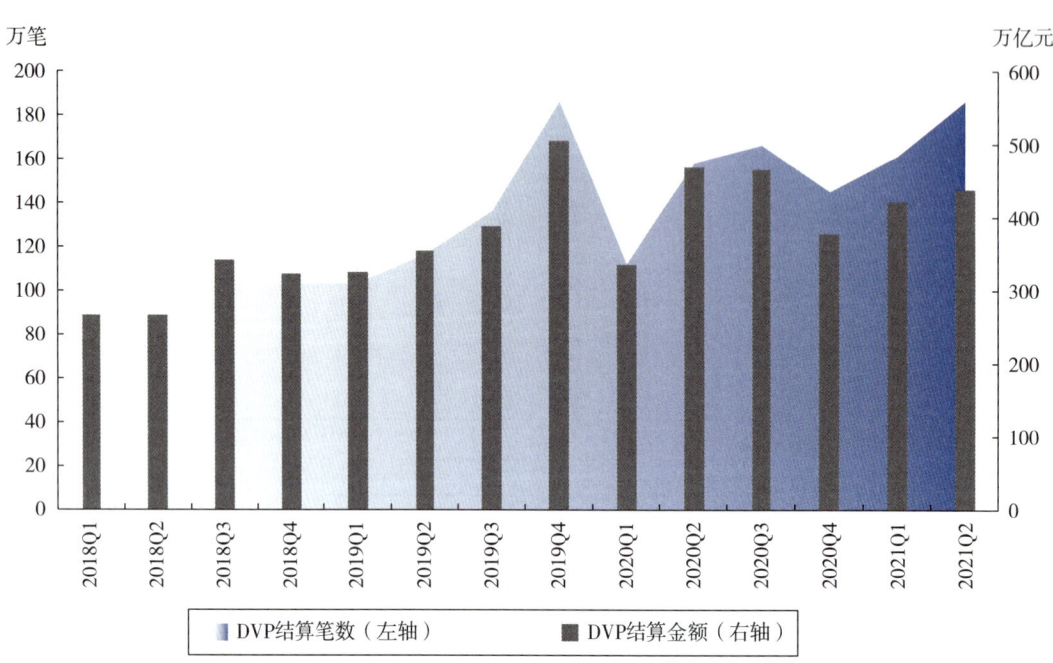

图28　中央结算公司DVP资金结算业务情况（2018Q1—2021Q2）

二、中国证券登记结算系统[①]

中国证券登记结算公司登记存管证券数量继续增加。截至本季度末，中国证券登记结算公司登记存管证券27 872只，较上季度增加953只。其中，公司债增加464只，资产证券化产品增加55只，A股增加136只。本季度结算总额440.8万亿元，结算净额13.3万亿元，同比分别增长25.9%和27.7%。

---

① 中国证券登记结算系统数据来源于中国证券登记结算有限责任公司。

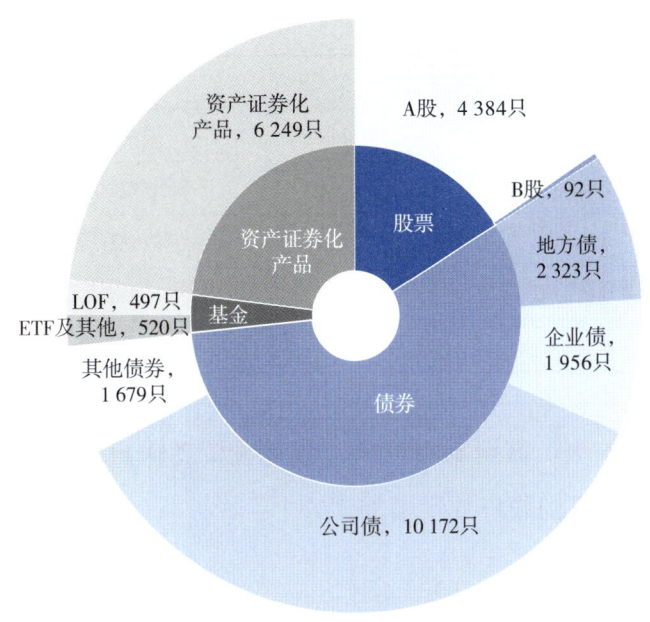

图 29　2021 年第二季度中国证券登记结算公司登记存管证券结构情况

三、银行间市场清算所股份有限公司业务系统[①]

本季度，上海清算所债券业务共清算 50.8 万笔，同比下降 3.1%，清算面额 65.2 万亿元、同比下降 22.4%。其中，债券现券清算 22.7 万笔，同比增长 0.3%，清算面额 16.5 万亿元，同比下降 22.5%；债券回购清算 28.1 万笔，同比下降 5.7%，清算面额 48.7 万亿元，同比下降 22.3%。

登记托管规模开始增加。截至本季度末，银行间市场清算所登记托管的各类人民币债券 31 130 只，较上季度增加 724 只，累计面额 26.4 万亿元，较上季度增加 0.6 万亿元。

表 1　银行间市场清算所登记托管金额[②]

债券名称	金额（亿元）	债券名称	金额（亿元）
信用风险缓释凭证（CRMW）	1.30	非金融企业资产支持票据（ABN）	1 009.7
超短期融资券（SCP）	20 474.1	资产管理公司金融债	3 850.3
非公开定向债务融资工具（PPN）	6 295.8	中期票据	24 220.3

---

① 银行间市场清算所股份有限公司业务系统数据来源于上海清算所。
② 自 2020 年第一季度起，"政府支持机构债券"和"美元非公开定向债务融资工具"归入"中期票据（MTN）""短期融资券（CP）"及"非公开定向债务融资工具（PPN）"项目进行统计。自 2020 年第三季度起，增加统计"标准化票据"。

续表

债券名称	金额（亿元）	债券名称	金额（亿元）
短期融资券（CP）	2 334.4	同业存单（NCD）	100 579.9
区域集优中小企业集合票据（SMECN Ⅱ）	0.0	项目收益票据（PRN）	27.1
信贷资产支持证券（ABS）	28.2	绿色债务融资工具	975.2
金融企业短期融资券（金融企业CP）	2 067.3	标准化票据	0.0
合计	161 863.6		

市场服务范围不断扩大。截至本季度末，累计投资者账户数量30 384个，较上季度增加339个，其中，非法人机构账户数量增加778个。

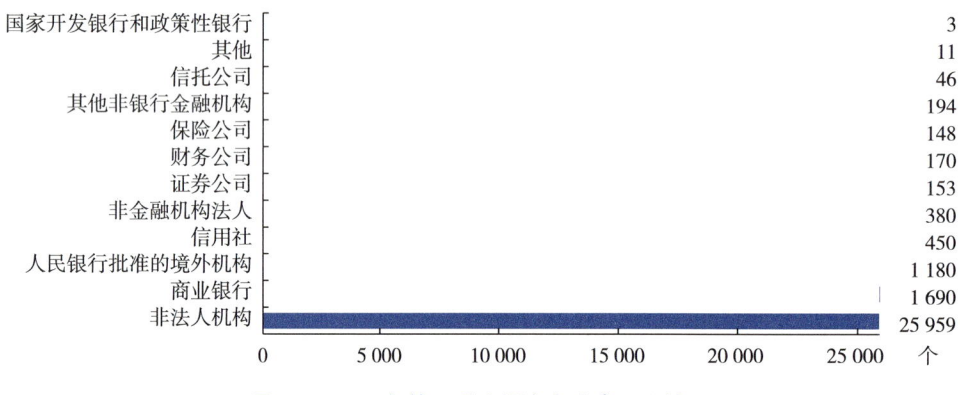

图30　2021年第二季度投资者账户开立情况

外汇询价交易净额清算系统业务金额同比持续增长。本季度，外汇净额清算系统共处理人民币外汇交易业务62.5万笔，同比增长59.3%，金额4.6万亿美元，同比增长53.4%。

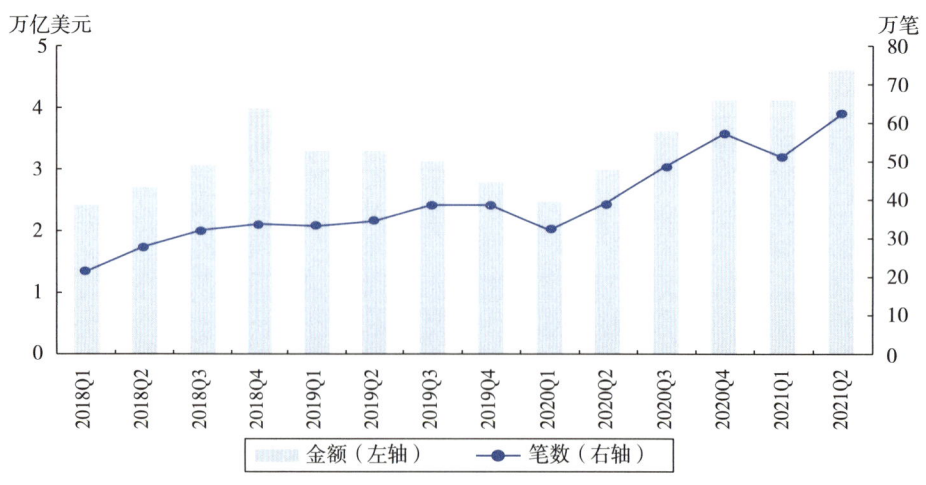

图31　外汇净额清算系统人民币外汇交易业务量（2018Q1—2021Q2）

外汇净额清算以人民币、美元净额结算为主。本季度，净额清算业务结算总金额 2.4 万亿美元，同比增长 39.4%。其中，人民币和美元净额结算业务结算金额分别为 1.2 万亿美元和 1.2 万亿美元，分别占净额清算业务结算总金额的 49.4% 和 49.1%；欧元、日元和英镑净额结算业务结算金额分别为 187.2 亿美元、87.3 亿美元和 26.6 亿美元。

第五部分
农村地区支付业务

农村地区支付业务平稳增长。截至本季度末，全国农村地区共开立银行账户47.9亿户、银行卡38.4亿张，分别占全国总量的36.2%、42.2%；本季度，全国农村地区电子支付业务量为96.1亿笔、金额71.9万亿元，分别占全国业务量的14.3%、9.6%。

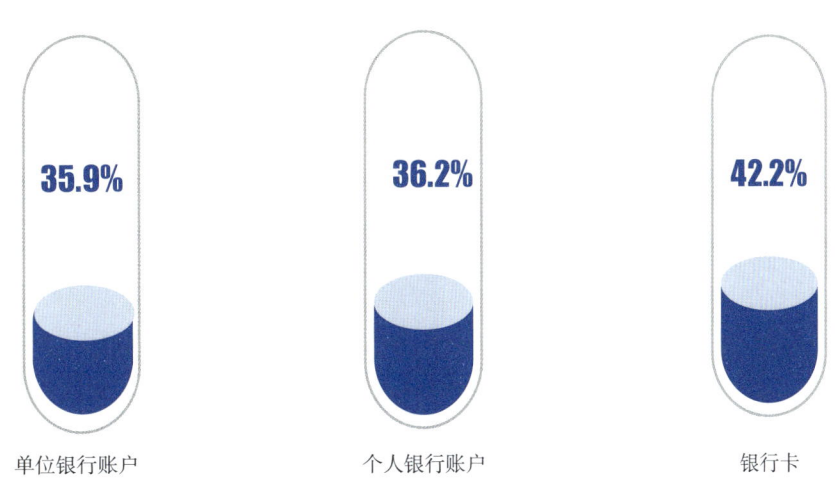

图32　2021年第二季度农村地区银行账户及银行卡在全国占比情况

一、账户和非现金支付业务

（一）商业银行

1. 银行账户

农村地区银行账户全国占比近四成。截至本季度末，全国农村地区共开立银行账户47.9亿户，占全国银行账户的36.2%。其中，单位银行账户2 838.7万户，个人银行账户47.6亿户，Ⅱ类、Ⅲ类银行账户共计3.4亿户。

2. 银行卡

农村地区银行卡数38.4亿张。截至本季度末，农村地区银行卡数量38.4亿张。其中，借记卡、信用卡数量分别为35.7亿张、2.6亿张。

截至本季度末，农村地区特约商户710.9万户，布放ATM、POS机数量分别为35.6万台、659.8万台。

3. 电子支付

农村地区开通手机银行账户数近10亿户。截至本季度末，农村地区开通手机银行、网上银行、电话银行的账户数分别为10.0亿户、8.3亿户、2.2亿户。本季度，农村地区共办理手机银行业务40.7亿笔，金额24.5万亿元；网上银行业务27.7亿笔，金额41.8万亿元；

电话银行业务 1 202.1 万笔，金额 190.2 亿元；ATM 业务 21.1 亿笔，金额 4.1 万亿元；POS 业务 6.6 亿笔，金额 1.5 万亿元。本季度，银行为农村地区电子商务共提供收款服务 2.0 亿笔，金额 1 859.8 亿元。

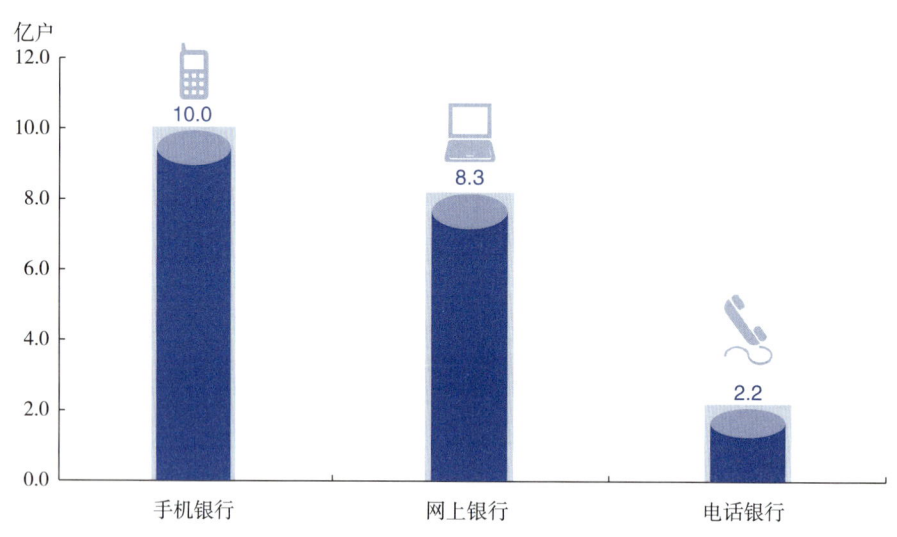

图 33　2021 年第二季度农村地区电子支付用户数量

（二）支付机构

农村地区移动支付笔数占网络支付笔数比例超过 96%。本季度，农村地区共发生网络支付业务 1 469.7 亿笔，金额 41.2 万亿元。其中，互联网支付 58.2 亿笔，金额 1.7 万亿元；移动电话支付 1 411.5 亿笔，金额 39.4 万亿元。本季度，支付机构为农村地区网络商户共提供收款服务 2.2 亿笔，金额 459.6 亿元。

二、支付清算系统覆盖情况

农村地区大小额支付系统网点覆盖率达 97.3%。截至本季度末，农村地区接入人民银行大小额支付系统的银行网点（含代理银行网点）12.6 万个，网点覆盖率为 97.3%；接入中央银行会计核算数据集中系统（ACS）综合前置子系统的农村金融机构 3 526 家，约占农村金融机构总数的 92.89%。

三、助农取款服务

以助农取款服务为主体的基础支付服务村级行政区覆盖率达 99.4%。截至本季度末，全国助农取款服务点85.8万个，其中，加载电商功能的服务点18.5万个。支付服务覆盖村级行政区52.0万个，以助农取款服务为主体的基础支付服务覆盖率为99.4%。

本季度，助农取款服务点支付业务量合计9 396.0万笔，金额747.2亿元。其中，现金取款5 832.8万笔，金额308.4亿元；现金汇款721.1万笔，金额46.9亿元；转账汇款1 499.3万笔，金额375.4亿元；代理缴费1 342.8万笔，金额16.5亿元。办理查询业务4 013.6万笔。

四、非现金支付代理发放

非现金支付工具有力支持农村地区各类保险补贴发放。本季度，商业银行和支付机构以非现金支付方式[①]代理发放5.1亿笔，金额2 531.5亿元。其中，代理发放"城乡居民养老保险"[②]3.4亿笔，金额1 439.2亿元；"新农合"1 788.4万笔，金额120.1亿元；各类财政涉农补贴1.6亿笔，金额972.2亿元。

---

① 含存折、银行卡。
② 含新型农村养老保险和城镇居民社会养老保险。

第六部分
国际支付体系发展概况

一、主要发达国家支付体系发展概述

美国联邦资金转账系统业务量稳步增长。本季度,纽约清算所银行间支付系统(CHIPS)处理支付业务3 236.2万笔,金额116.1万亿美元(折合人民币约为750.1万亿元[①]),同比分别增长17.9%和13.8%。联邦资金转账系统(Fedwire)处理支付业务5 143.0万笔,金额245.4万亿美元(折合人民币约为1 585.1万亿元),同比分别增长18.1%和8.1%。

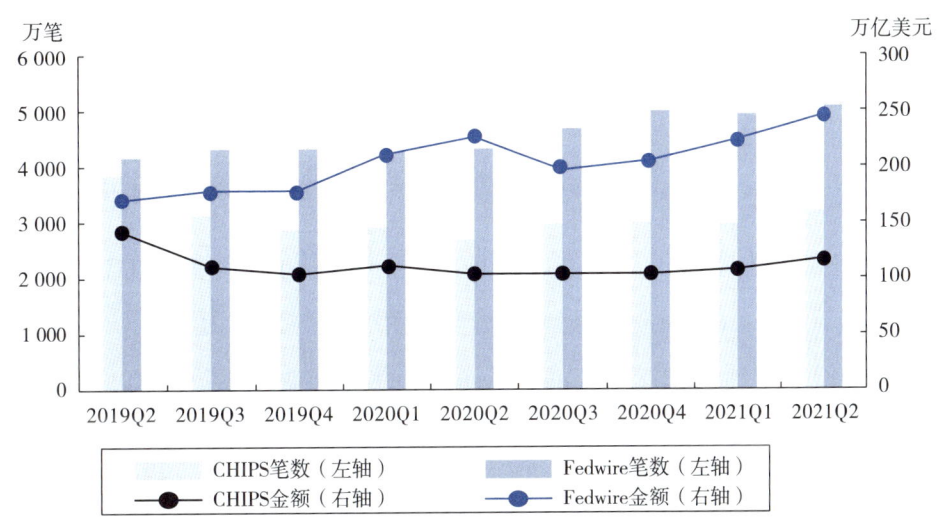

图34 纽约清算所银行间支付系统和联邦资金转账系统业务情况(2019Q2—2021Q2)

欧元区支付业务量小幅下降,德国业务占比较大。本季度,泛欧自动实时全额结算快速转账系统(TARGET)处理业务5 435.3万笔,同比下降3.2%,金额174.5万亿欧元(折合人民币约为1 340.9万亿元),同比增长1.6%。从国别分布看,泛欧自动实时全额结算快速转账系统业务主要集中于德国、法国、意大利、西班牙和荷兰,合计业务笔数4 728.3万笔,金额136.1万亿欧元(折合人民币约为1 046.3万亿元),分别占总业务量的87.0%和78.0%。其中,德国业务笔数2 352.8万笔,金额59.6万亿欧元(折合人民币约为458.3万亿元),分别占总业务量的43.3%和34.2%。

全欧支付系统(EURO1)处理支付业务1 128.5万笔,同比增长4.3%,金额11.6万亿欧元(折合人民币约为89.2万亿元),同比下降5.5%。

---

① 主要发达国家支付系统业务量折合人民币时使用统计期内最后一个交易日的汇率计算。

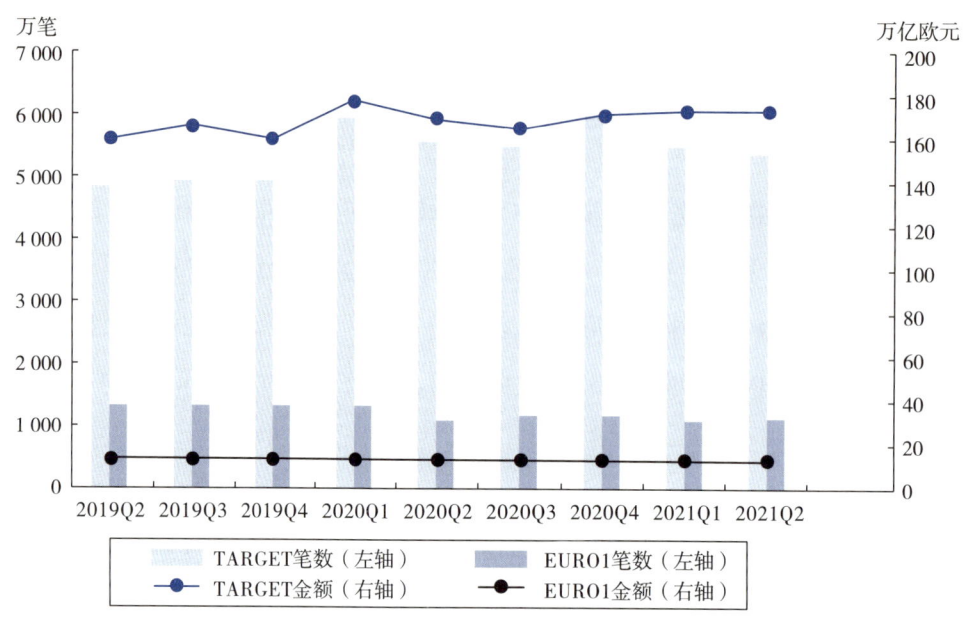

图35 泛欧自动实时全额结算快速转账系统和全欧支付系统业务情况（2019Q2—2021Q2）

日本支付业务金额小幅增长。本季度，日本银行金融网络系统（BOJ-NET）共处理业务446.8万笔，金额11 216.2万亿日元（折合人民币约为655.3万亿元），同比分别增长4.7%和3.7%。全银数据通信系统（Zengin System）共处理业务3.7亿笔，同比下降6.1%，金额787.3万亿日元（折合人民币约为46.0万亿元），同比增长3.0%。其中，大额实时贷记转账业务63.0万笔，金额555.9万亿日元（折合人民币约为32.5万亿元），同比分别增长4.3%和6.8%；小额贷记转账业务3.7亿笔，金额231.4万亿日元（折合人民币约为13.5万亿元），同比分别下降6.3%和5.1%。

二、国际支付体系发展动态

2021年4月，印度央行宣布将加强支付公司对存储客户数据的监管规范。自2021年4月1日起，所有支付系统运营商（PSOs）每年必须向印度央行提交两次详细的"合规证书"，这些文件必须由它们的首席执行官或常务董事签署，确认遵守印度央行关于安全存储支付数据的所有规定。

2021年4月，欧洲央行发布《2020年监管报告》，报告概述了欧元系统在2017年至2020年期间开展的与金融市场基础设施（FMI）和支付相关的监管活动，以提高监督活动中的透明度和责任性。同时，该报告讨论了欧元系统的监管使命及其监管方法，并从监管的角度反映了这一时期的市场和监管的发展。报告共分为四部分：一是概述欧元系统的监管使命以及如何履行该使命；二是强调了与风险和效率有关的市场和监管发展；三是显示了欧元系统承担的基于风险的活动，以确保被监管实体的安全性和效率，深入研究具体实体监督和跨部门活动；四是对未来时期内欧元系统的监管重点进行了简要展望。

2021年5月，新西兰政府在声明中表示，为了降低银行向企业收取的刷卡手续费，政府将于2021年出台《零售支付系统法案》，预计该法案明年生效。新规出台后，信用卡手续费将降为0.8%，在线借记卡交易手续费将降为0.6%，非接触式借记卡手续费将保持目前的0.2%或更低水平，刷卡和插入借记卡的费用将保持不变。

2021年5月，国际各大支付巨头均发布了第一季度财报，数据显示，疫情下电子支付高速发展。万事达卡第一季度营收42亿美元，同比增长4%，净利润18亿美元，同比增长8%；Visa第一季度营收57.29亿美元，同比下降2%，净利润30.26亿美元，同比下降2%；PayPal第一季度交易额同比增长50%，营收60.3亿美元，同比增长29%；Square第一季度总营收50.57亿美元，同比增长266%。

2021年6月，瑞士国家银行发布2020年支付方式调查结果。调查结果显示，相较于2017年，瑞士居民使用的支付方式发生了重大变化，从现金支付方式转向非现金支付方式。具体而言，2020年调查结果如下：一是现金和借记卡仍然是瑞士民众最普遍拥有的两种支付工具；二是在非日常性支付的数量方面，现金仍然是人们最常用的支付工具，尽管其使用份额与2017年相比显著下降；三是在非日常性支付的交易价值方面，借记卡已经取代现金成为占比最高的支付工具；四是非接触式卡支付在瑞士非常普遍；五是移动支付应用程序正在强劲增长；六是网上银行转账是最广泛使用的结算方式；七是除了作为一种支付方式，现金在瑞士的家庭中也扮演着重要的价值储存角色。

2021年6月，美国快速支付委员会发布《快速跨境支付白皮书》，指出为了满足消费者更快、更安全、更可靠的支付需求，支付行业不断发展，跨境支付尤其如此，与国内支付相比，跨境支付面临更多的交易对手和汇率风险，以及需要遵循更多的规则和治理形式。该白皮书通过介绍快速跨境支付的用例，以解决速度、成本、普遍性、透明度和风险等方面的挑战。因此，跨境快速支付系统将需要纳入现有的互操作性和结算方法，以实现上述目标。

附录一
支付业务统计指标历史数据表

表 1 银行业金融机构非现金支付业务量

单位：亿笔、万亿元

时期	票据		银行卡		其他结算方式		非现金支付业务合计	
	笔数	金额	笔数	金额	笔数	金额	笔数	金额
2012Q1	2.0	73.4	85.8	84.0	3.2	135.9	91.0	293.3
2012Q2	2.0	74.4	94.7	82.6	3.5	151.4	100.2	308.4
2012Q3	2.0	74.2	100.8	88.2	3.7	165.6	106.5	328.0
2012Q4	1.9	74.4	107.9	91.4	4.0	190.8	113.8	356.6
2013Q1	1.8	72.4	106.3	100.3	4.0	198.8	112.0	371.5
2013Q2	1.7	70.5	115.7	103.2	4.5	214.8	121.9	388.5
2013Q3	1.7	71.1	121.7	108.1	4.8	233.7	128.3	412.9
2013Q4	1.7	73.7	132.2	111.8	5.4	249.2	139.4	434.7
2014Q1	1.5	68.6	128.5	110.5	5.5	256.9	135.5	436.0
2014Q2	1.5	67.4	142.9	109.6	6.0	279.3	150.4	456.2
2014Q3	1.4	65.7	153.8	112.7	6.8	279.6	162.1	458.0
2014Q4	1.4	68.3	170.5	117.1	7.7	281.8	179.6	467.3
2015Q1	1.1	63.9	177.8	151.8	23.5	613.7	202.4	829.4
2015Q2	1.0	59.5	207.7	166.7	21.3	626.6	230.0	852.8
2015Q3	1.0	57.8	223.6	173.1	21.3	628.8	245.9	859.7
2015Q4	1.0	57.1	243.2	178.1	20.7	671.7	264.9	906.9
2016Q1	0.7	46.2	246.4	192.3	20.9	649.8	268.0	888.3
2016Q2	0.7	46.8	255.8	176.5	22.4	717.0	278.9	940.3
2016Q3	0.7	44.4	303.4	177.7	24.0	681.3	328.1	903.4
2016Q4	0.8	50.5	349.2	195.3	26.1	709.5	376.1	955.3
2017Q1	0.7	44.6	307.4	196.1	25.6	688.0	333.7	928.6
2017Q2	0.6	41.8	340.5	183.2	27.8	724.8	369.0	949.8
2017Q3	0.6	41.1	405.7	185.9	28.6	696.8	435.0	923.8
2017Q4	0.7	44.8	440.6	196.5	29.9	716.4	471.1	957.7
2018Q1	0.6	39.3	431.1	220.8	24.2	670.5	455.9	930.6
2018Q2	0.5	35.6	508.1	216.6	24.9	699.5	533.6	951.7
2018Q3	0.5	35.8	554.2	214.2	25.1	675.4	579.8	925.5
2018Q4	0.6	38.2	610.2	210.5	23.1	712.2	633.8	960.9
2019Q1	0.5	33.7	645.4	221.8	19.7	676.2	665.5	931.7
2019Q2	0.4	32.4	767.0	217.1	21.0	702.7	788.5	952.2
2019Q3	0.5	32.2	873.9	220.6	23.2	673.2	897.6	926.0
2019Q4	0.5	35.5	933.6	226.9	24.5	707.2	958.6	969.6
2020Q1	0.3	30.1	610.8	198.5	19.6	654.7	630.8	883.2
2020Q2	0.4	29.7	814.6	219.1	22.3	768.4	837.2	1 017.2
2020Q3	0.4	30.3	975.7	235.7	24.5	777.2	1 000.6	1 043.2
2020Q4	0.4	33.7	1 053.1	234.7	25.2	800.9	1 078.7	1 069.3
2021Q1	0.4	30.3	849.3	254.9	23.8	780.3	873.5	1 065.6
2021Q2	0.3	27.9	1 013.2	240.2	25.5	812.7	1 038.9	1 080.8

表 2　M_0 占 GDP 比例

单位：%

时期	占比
2012Q1	10.2
2012Q2	10.0
2012Q3	10.6
2012Q4	10.5
2013Q1	10.5
2013Q2	10.0
2013Q3	10.2
2013Q4	10.3
2014Q1	10.1
2014Q2	9.7
2014Q3	9.8
2014Q4	9.5
2015Q1	9.7
2015Q2	8.8
2015Q3	8.9
2015Q4	9.6
2016Q1	9.5
2016Q2	9.0
2016Q3	9.1
2016Q4	9.2
2017Q1	9.0
2017Q2	8.6
2017Q3	8.7
2017Q4	8.5
2018Q1	8.6
2018Q2	8.0
2018Q3	8.1
2018Q4	8.8
2019Q1	8.2
2019Q2	7.8
2019Q3	7.8
2019Q4	7.4
2020Q1	8.4
2020Q2	8.4
2020Q3	8.4
2020Q4	8.3
2021Q1	35.3
2021Q2	

表 3　票据业务量

单位：万笔、亿元

时期	支票		商业汇票		银行汇票		银行本票	
	笔数	金额	笔数	金额	笔数	金额	笔数	金额
2012Q1	19 254.7	667 045.6	389.0	35 231.0	132.8	8 569.2	189.5	18 493.3
2012Q2	18 829.6	675 194.7	392.5	39 514.3	118.8	6 380.5	183.0	18 424.6
2012Q3	18 843.8	674 668.1	390.8	39 916.2	111.7	6 024.4	179.3	17 306.2
2012Q4	18 670.7	671 026.3	380.8	45 968.2	105.9	6 057.5	167.0	16 812.0
2013Q1	17 115.9	655 434.0	394.7	42 148.6	102.7	5 820.2	166.6	15 896.9
2013Q2	16 464.1	633 857.6	394.2	45 816.5	94.5	5 431.9	161.3	15 736.0
2013Q3	16 527.3	638 983.3	421.0	48 088.2	93.0	5 207.3	153.7	14 655.7
2013Q4	16 592.8	667 346.9	420.8	46 356.2	87.0	5 127.9	144.6	13 990.2
2014Q1	14 284.2	615 855.3	467.4	47 929.0	82.3	4 686.7	140.5	12 662.3
2014Q2	13 874.9	606 235.3	454.8	46 733.4	77.9	4 266.1	121.0	11 552.1
2014Q3	13 504.1	587 865.8	479.3	49 418.3	76.0	3 981.0	111.1	9 992.0
2014Q4	13 521.8	615 709.8	440.7	48 714.5	71.3	3 899.8	104.7	9 378.2
2015Q1	10 636.6	573 107.6	526.8	52 837.9	61.6	3 880.5	101.6	9 079.2
2015Q2	9 762.5	528 383.0	471.6	51 257.6	60.6	4 013.5	114.5	11 305.6
2015Q3	9 648.8	507 997.2	500.2	51 693.7	45.4	3 404.2	170.2	14 762.1
2015Q4	9 076.6	505 846.7	407.2	54 086.0	44.3	4 296.0	72.4	6 368.9
2016Q1	6 814.4	404 142.5	412.7	46 656.9	57.0	3 353.9	80.9	7 476.4
2016Q2	6 506.2	409 815.5	395.3	50 355.4	42.4	2 524.3	57.5	4 980.6
2016Q3	6 585.6	390 247.0	457.4	47 399.4	29.8	1 908.9	50.0	4 340.0
2016Q4	7 390.9	453 801.6	391.1	45 087.3	23.8	1 717.5	46.2	4 129.6
2017Q1	6 042.3	397 946.1	392.3	42 828.9	19.2	1 007.6	47.2	4 008.1
2017Q2	5 653.3	370 522.4	391.6	42 948.1	15.0	868.3	43.5	3 803.6
2017Q3	5 783.2	363 979.1	452.6	43 182.3	10.6	902.8	39.5	3 371.8
2017Q4	6 244.0	405 628.7	411.9	38 777.6	7.9	866.1	34.6	3 063.4
2018Q1	5 266.6	348 041.9	453.0	41 130.7	6.4	591.6	35.3	2 910.7
2018Q2	4 741.3	312 883.4	457.9	39 651.8	6.6	432.2	32.9	2 694.8
2018Q3	4 863.3	314 513.7	510.8	41 111.6	7.1	439.0	27.5	2 322.2
2018Q4	5 295.4	339 245.5	470.8	40 230.9	6.7	507.1	20.4	1 922.8
2019Q1	4 366.6	293 263.1	504.1	41 579.7	5.1	504.4	21.1	1 920.0
2019Q2	3 952.5	278 758.8	514.5	43 285.2	6.1	402.7	18.1	1 623.2
2019Q3	4 057.0	272 378.4	553.9	47 988.9	6.4	393.0	16.1	1 479.7
2019Q4	4 416.6	302 999.9	534.3	49 668.7	5.7	459.6	13.5	1 396.6
2020Q1	2 869.8	248 245.4	578.2	51 367.0	2.8	394.8	9.7	1 109.6
2020Q2	2 963.8	249 388.8	588.0	46 574.8	5.1	333.7	10.6	1 153.5
2020Q3	3 218.3	252 281.8	545.0	49 105.4	5.8	377.0	9.3	992.8
2020Q4	3 549.3	282 931.2	574.0	52 250.1	4.6	406.2	7.0	923.0
2021Q1	3 045.8	242 489.5	630.4	59 335.5	3.5	346.3	7.2	980.6
2021Q2	2 547.0	221 344.2	655.7	56 260.5	3.1	251.6	6.3	881.7

表 4 单笔支票金额

单位：万元

时期	单笔支票金额
2012Q1	34.6
2012Q2	35.9
2012Q3	35.8
2012Q4	35.9
2013Q1	38.3
2013Q2	38.5
2013Q3	38.7
2013Q4	40.2
2014Q1	43.1
2014Q2	43.7
2014Q3	43.5
2014Q4	45.5
2015Q1	53.9
2015Q2	54.1
2015Q3	52.7
2015Q4	55.7
2016Q1	59.3
2016Q2	63.0
2016Q3	59.3
2016Q4	61.4
2017Q1	65.9
2017Q2	65.5
2017Q3	62.9
2017Q4	65.0
2018Q1	66.1
2018Q2	66.0
2018Q3	64.7
2018Q4	64.1
2019Q1	67.2
2019Q2	70.5
2019Q3	67.1
2019Q4	68.6
2020Q1	86.5
2020Q2	84.1
2020Q3	78.4
2020Q4	79.7
2021Q1	79.6
2021Q2	86.9

表 5 商业汇票逾期垫款金额

单位：亿元

时期	逾期垫款金额
2012Q1	193.0
2012Q2	248.7
2012Q3	346.7
2012Q4	348.0
2013Q1	398.3
2013Q2	430.7
2013Q3	473.2
2013Q4	469.5
2014Q1	676.1
2014Q2	766.9
2014Q3	1 027.7
2014Q4	1 057.6
2015Q1	1 335.7
2015Q2	1 348.4
2015Q3	1 503.2
2015Q4	1 400.0
2016Q1	1 526.8
2016Q2	1 469.9
2016Q3	1 519.9
2016Q4	1 319.4
2017Q1	1 353.0
2017Q2	1 315.0
2017Q3	1 241.6
2017Q4	1 051.3
2018Q1	969.6
2018Q2	1 080.4
2018Q3	1 020.4
2018Q4	885.3
2019Q1	847.5
2019Q2	823.3
2019Q3	811.1
2019Q4	785.6
2020Q1	848.3
2020Q2	651.2
2020Q3	625.3
2020Q4	442.8
2021Q1	540.0
2021Q2	525.7

表6 银行卡在用发卡数量

单位：万张

时期	银行卡数量	借记卡数量	信用卡数量（含借贷合一卡）
2012Q1	310 247.7	281 176.9	29 070.8
2012Q2	322 485.0	292 264.0	30 221.0
2012Q3	339 974.8	308 198.6	31 776.3
2012Q4	353 414.7	320 305.2	33 109.5
2013Q1	369 379.2	335 120.1	34 259.0
2013Q2	383 315.9	346 951.6	36 364.3
2013Q3	396 590.6	358 966.7	37 623.9
2013Q4	421 389.3	382 310.1	39 079.2
2014Q1	439 052.9	397 696.7	41 356.2
2014Q2	453 967.0	411 775.5	42 191.5
2014Q3	474 634.1	431 034.5	43 599.6
2014Q4	493 571.9	448 062.4	45 509.5
2015Q1	499 879.2	453 966.0	45 913.2
2015Q2	503 211.8	459 891.9	43 319.9
2015Q3	525 214.4	480 275.6	44 938.7
2015Q4	544 231.3	501 010.6	43 220.7
2016Q1	565 784.5	520 781.3	45 003.2
2016Q2	582 862.6	535 531.0	47 331.6
2016Q3	601 547.8	551 928.9	49 618.9
2016Q4	612 463.8	565 960.3	46 503.5
2017Q1	626 286.9	577 259.5	49 027.4
2017Q2	634 730.6	582 750.4	51 980.2
2017Q3	651 775.4	596 608.7	55 166.7
2017Q4	669 259.2	610 500.7	58 758.5
2018Q1	701 293.3	640 048.5	61 244.8
2018Q2	718 767.4	654 966.0	63 801.5
2018Q3	738 537.7	672 592.0	65 945.7
2018Q4	759 673.7	691 084.5	68 589.3
2019Q1	777 276.9	708 256.7	69 020.3
2019Q2	797 776.0	726 657.3	71 118.7
2019Q3	821 677.5	748 246.1	73 431.4
2019Q4	841 863.8	767 254.2	74 609.6
2020Q1	852 849.6	777 999.1	74 850.4
2020Q2	865 787.3	790 198.9	75 588.4
2020Q3	879 845.1	803 284.1	76 561.1
2020Q4	895 442.8	817 656.6	77 786.2
2021Q1	902 959.7	824 511.5	78 448.2
2021Q2	911 029.6	832 012.6	79 017.0

表7 银行卡受理环境指标

单位：万户、万台

时期	联网特约商户数	POS机具数	ATM数量
2012Q1	346.7	526.1	35.4
2012Q2	388.3	594.1	37.3
2012Q3	438.9	668.9	39.2
2012Q4	483.3	711.8	41.6
2013Q1	516.8	763.0	44.3
2013Q2	568.8	830.9	46.6
2013Q3	651.6	928.8	48.4
2013Q4	763.5	1 063.2	52.0
2014Q1	877.0	1 200.9	54.3
2014Q2	993.0	1 358.1	56.1
2014Q3	1 091.1	1 466.6	58.4
2014Q4	1 203.4	1 593.5	61.5
2015Q1	1 247.9	1 642.1	72.2
2015Q2	1 370.7	1 794.6	81.5
2015Q3	1 513.5	1 989.3	84.1
2015Q4	1 670.0	2 282.1	86.7
2016Q1	1 700.9	2 354.7	89.0
2016Q2	1 831.2	2 445.2	90.6
2016Q3	2 124.8	2 602.1	90.7
2016Q4	2 067.2	2 453.5	92.4
2017Q1	2 131.7	2 548.9	94.1
2017Q2	2 419.8	2 899.9	94.3
2017Q3	2 515.5	3 099.8	94.8
2017Q4	2 592.6	3 118.9	96.1
2018Q1	2 671.3	3 219.3	111.5
2018Q2	2 616.7	3 132.0	112.7
2018Q3	2 650.3	3 231.2	112.9
2018Q4	2 733.0	3 414.8	111.1
2019Q1	2 461.8	3 235.4	111.1
2019Q2	2 517.5	3 287.3	110.0
2019Q3	2 485.50	3 242.8	108.88
2019Q4	2 362.96	3 089.3	109.77
2020Q1	2 258.0	3 160.5	108.3
2020Q2	2 581.6	3 331.3	105.2
2020Q3	2 553.2	3 359.0	102.9
2020Q4	2 894.8	3 833.0	101.4
2021Q1	2 593.1	3 471.6	100.6
2021Q2	2 403.3	3 273.3	98.7

表 8　银行卡业务量

单位：万笔、亿元

时期	存现		取现		消费		转账	
	笔数	金额	笔数	金额	笔数	金额	笔数	金额
2012Q1	149 248.6	137 346.4	364 991.7	149 141.4	186 518.4	41 426.5	157 159.0	512 292.9
2012Q2	167 022.6	139 402.6	400 674.9	146 561.9	209 043.2	48 229.6	170 337.5	491 960.5
2012Q3	177 271.6	147 185.7	417 198.9	156 929.8	230 903.7	55 625.0	182 454.4	522 233.6
2012Q4	185 160.2	153 153.1	430 508.2	161 025.3	274 441.6	62 974.9	188 464.7	536 629.7
2013Q1	185 591.9	164 810.0	417 463.9	177 835.8	268 067.0	66 402.6	191 425.7	593 681.9
2013Q2	193 568.4	159 374.7	448 917.1	169 891.1	305 588.9	74 224.9	209 208.5	628 849.5
2013Q3	202 146.8	168 027.2	461 567.6	177 845.2	331 283.1	82 733.5	222 287.6	652 080.8
2013Q4	212 864.1	173 846.5	483 764.2	182 416.7	392 156.5	94 954.3	233 655.8	666 626.8
2014Q1	210 018.7	182 745.3	457 344.7	192 734.0	377 099.0	95 428.9	240 995.6	634 299.3
2014Q2	217 047.5	173 318.0	487 928.9	181 496.0	471 739.3	100 393.4	252 375.1	640 565.1
2014Q3	219 601.2	172 808.3	510 588.8	181 480.0	513 187.1	108 099.9	294 781.7	664 199.0
2014Q4	232 370.3	177 556.6	535 234.6	188 428.0	613 414.1	119 917.9	323 617.2	685 552.6
2015Q1	211 248.6	194 170.7	419 755.8	214 667.8	603 813.8	121 384.8	543 044.5	988 222.0
2015Q2	226 041.8	168 260.6	471 355.1	176 014.4	694 165.3	141 089.5	685 828.8	1 181 679.1
2015Q3	232 465.0	167 475.0	475 336.1	170 202.9	761 203.1	142 649.9	766 676.0	1 250 960.7
2015Q4	249 465.6	179 781.1	475 665.2	170 603.2	843 812.3	144 881.0	863 020.2	1 286 113.0
2016Q1	261 441.4	208 236.7	449 926.5	187 278.3	791 388.9	133 923.1	960 865.5	1 393 599.8
2016Q2	250 571.8	179 752.5	440 385.4	152 875.6	886 990.5	136 802.4	979 786.2	1 295 500.0
2016Q3	255 613.4	181 210.7	455 810.0	153 661.9	973 729.8	143 119.5	1 348 838.2	1 299 214.6
2016Q4	279 744.8	202 541.5	453 652.8	161 140.3	1 180 798.2	151 136.9	1 577 817.6	1 438 128.7
2017Q1	242 764.8	183 364.3	442 538.5	182 516.8	1 131 163.5	151 835.2	1 257 848.8	1 442 867.7
2017Q2	241 166.1	165 951.1	445 147.7	155 562.7	1 405 710.2	162 958.3	1 313 368.0	1 347 325.5
2017Q3	238 483.5	162 923.6	431 731.1	156 158.5	1 565 316.6	176 762.0	1 821 958.0	1 363 203.5
2017Q4	241 714.5	166 967.7	412 241.6	156 490.3	1 760 493.8	195 106.6	1 991 449.2	1 446 484.4
2018Q1	210 189.6	170 097.6	384 153.1	173 617.1	1 904 749.2	206 097.3	1 811 906.7	1 658 381.3
2018Q2	196 025.7	147 297.6	347 020.6	138 537.1	2 399 063.9	226 486.6	2 139 042.0	1 653 711.3
2018Q3	194 091.6	144 361.9	348 606.5	139 537.1	2 642 800.9	240 472.3	2 356 424.6	1 617 727.1
2018Q4	186 025.8	138 514.1	328 885.9	137 311.7	2 887 004.0	254 529.1	2 699 936.2	1 574 357.7
2019Q1	185 537.7	152 097.3	316 593.4	159 483.4	3 210 197.1	282 831.3	2 741 255.3	1 623 295.5
2019Q2	177 333.0	129 150.4	275 855.1	119 270.3	3 815 025.4	282 358.9	3 401 793.0	1 640 354.4
2019Q3	175 341.4	126 163.2	278 606.6	119 946.3	4 301 779.3	296 665.5	3 983 287.6	1 663 123.6
2019Q4	170 289.8	121 421.6	267 470.8	117 813.0	4 552 216.5	309 643.9	4 346 272.4	1 720 325.7
2020Q1	125 840.1	102 262.3	199 182.7	105 487.7	3 026 818.8	252 497.3	2 756 626.7	1 524 400.6
2020Q2	138 132.2	104 264.1	200 881.2	95 426.4	4 242 235.3	284 961.9	3 564 470.5	1 706 164.1
2020Q3	141 515.2	103 528.9	217 038.3	98 022.6	5 040 635.0	308 217.4	4 358 046.0	1 847 402.5
2020Q4	138 079.8	102 981.4	214 146.0	97 728.6	5 450 827.4	320 915.9	4 728 086.3	1 825 760.3
2021Q1	138 112.6	111 854.7	211 707.2	115 694.1	4 628 167.9	332 231.2	3 514 561.7	1 989 660.5
2021Q2	123 787.8	94 092.2	178 836.6	87 122.9	5 498 698.6	331 570.4	4 330 384.7	1 889 690.1

表 9 银行卡存款和授信

单位：亿元

时期	银行卡期末存款余额	银行卡期末授信总额	银行卡应偿信贷余额	信用卡逾期账户透支余额（M6+）
2012Q1		27 862.1	7 520.9	120.4
2012Q2		29 917.6	8 612.1	132.6
2012Q3		33 341.6	10 035.5	144.3
2012Q4		34 857.6	11 386.7	146.6
2013Q1	160 450.8	36 600.5	13 520.2	170.3
2013Q2	157 124.3	39 768.1	15 309.2	196.2
2013Q3	160 954.8	43 453.7	17 018.1	226.2
2013Q4	165 429.1	45 723.6	18 423.6	251.9
2014Q1	179 856.4	47 992.2	18 844.8	282.0
2014Q2	182 913.1	50 908.9	20 449.6	321.2
2014Q3	180 546.0	53 221.1	21 909.8	351.6
2014Q4	192 834.8	56 013.2	23 352.1	357.6
2015Q1	179 634.3	62 438.4	27 390.9	286.7
2015Q2	179 747.8	64 174.7	29 805.0	337.3
2015Q3	193 606.5	67 339.4	31 165.6	384.3
2015Q4	196 660.3	70 783.9	32 848.3	380.3
2016Q1	215 554.6	74 694.0	33 554.5	458.1
2016Q2	216 505.2	80 497.8	35 683.3	480.6
2016Q3	226 095.8	86 151.0	37 770.7	537.5
2016Q4	235 936.2	91 354.3	40 610.5	535.7
2017Q1	250 463.4	98 539.7	42 691.3	604.7
2017Q2	244 531.1	108 443.5	46 888.5	650.7
2017Q3	249 639.5	119 127.9	51 695.1	662.7
2017Q4	251 530.5	124 774.7	55 568.8	663.1
2018Q1	264 519.4	131 418.7	58 048.6	711.5
2018Q2	263 237.3	139 827.9	62 591.7	756.7
2018Q3	271 132.1	146 884.0	66 148.4	881.0
2018Q4	280 026.8	153 971.3	68 533.8	788.6
2019Q1	298 600.3	158 078.7	69 757.7	797.4
2019Q2	300 469.2	163 183.0	72 298.5	838.8
2019Q3	304 277.6	169 894.8	74 226.4	919.2
2019Q4	310 590.3	173 656.1	75 889.8	742.7
2020Q1	325 725.2	175 684.6	72 626.4	918.7
2020Q2	331 253.1	179 058.0	74 992.9	854.3
2020Q3	337 110.1	185 855.7	77 648.9	906.6
2020Q4	348 935.5	189 602.5	79 125.9	838.6
2021Q1	363 643.1	196 401.2	79 919.5	892.2
2021Q2	367 704.9	202 319.1	81 804.3	818.0

表 10　人民银行支付系统业务量

单位：万笔、亿元

时期	大额实时支付系统		小额批量支付系统		网上支付跨行清算系统		境内外币支付系统		同城清算系统		支票影像交换系统	
	笔数	金额	笔数	金额	笔数	金额	笔数	金额	笔数	金额	笔数	金额
2012Q1	10 014.8	3 784 683.3	15 453.0	49 734.0	3 837.5	5 354.2	22.1	6 479.9	9 106.2	155 724.1	—	—
2012Q2	11 179.4	4 464 144.0	17 600.7	43 777.6	5 687.9	7 649.7	27.6	8 406.7	9 523.9	160 753.5	—	—
2012Q3	12 559.0	4 634 944.9	20 166.4	44 965.0	7 476.5	10 032.8	30.9	9 342.6	10 255.7	166 962.4	—	—
2012Q4	13 282.0	4 836 200.0	22 184.3	46 346.6	9 578.6	12 593.4	30.4	9 385.7	10 147.9	179 061.0	—	—
2013Q1	12 747.4	5 043 149.6	20 927.8	57 825.6	11 672.3	16 065.5	28.9	9 612.9	10 153.8	173 377.2	244.2	1 251.2
2013Q2	13 933.2	5 173 975.7	24 114.8	46 609.4	15 514.8	20 947.9	33.3	10 400.2	10 322.9	165 206.8	283.3	1 338.4
2013Q3	15 790.0	5 201 525.6	28 095.0	47 946.5	20 432.8	27 529.9	37.5	11 129.8	10 642.0	166 310.2	323.4	1 514.0
2013Q4	17 078.1	5 188 966.2	30 890.1	50 773.0	24 164.5	30 141.3	39.7	13 152.1	10 752.8	177 992.7	281.0	1 377.3
2014Q1	15 965.2	5 332 006.9	29 177.2	52 652.9	28 346.5	34 165.0	38.1	11 980.2	9 210.4	158 601.3	227.8	1 230.6
2014Q2	17 234.8	6 157 364.7	33 575.8	52 181.0	35 901.8	40 033.8	49.3	13 006.9	9 389.8	154 070.4	263.3	1 282.4
2014Q3	18 620.4	6 373 952.6	38 363.5	55 904.3	44 675.5	47 951.7	53.0	14 084.6	9 661.6	152 714.9	279.2	1 390.8
2014Q4	19 436.2	5 605 609.6	42 463.7	60 013.1	54 990.7	55 742.7	50.7	13 738.1	10 119.8	166 806.7	276.3	1 359.1
2015Q1	18 009.7	5 299 792.2	39 014.2	55 018.4	58 466.4	59 104.3	45.0	12 455.2	9 603.5	283 718.7	204.7	1 117.5
2015Q2	19 547.9	7 264 263.3	44 111.3	61 397.0	71 073.7	69 292.4	52.8	12 254.9	9 664.4	307 060.5	217.1	1 051.1
2015Q3	20 240.1	7 951 992.3	48 300.2	64 626.8	78 610.2	71 225.2	56.3	17 739.2	9 627.8	305 060.0	232.7	1 141.5
2015Q4	21 086.2	9 004 517.4	52 101.3	68 360.5	88 404.8	77 941.9	53.8	14 552.7	10 620.0	347 524.6	241.7	1 167.8
2016Q1	19 166.0	8 311 331.9	48 348.6	66 627.7	90 128.7	81 090.7	48.1	13 758.5	8 892.2	313 533.8	177.1	979.5
2016Q2	19 527.5	8 999 506.3	54 239.4	72 013.9	102 250.2	87 449.8	52.4	12 528.4	9 098.1	305 813.9	196.0	967.1
2016Q3	21 098.2	9 738 981.0	60 894.5	79 602.2	116 458.2	97 831.6	50.6	14 255.6	9 455.1	342 839.8	204.8	1 055.7
2016Q4	22 775.3	9 113 165.0	71 347.7	90 887.5	136 477.7	108 238.0	47.6	14 189.8	9 801.2	345 862.0	213.8	1 098.5
2017Q1	21 022.7	8 487 783.4	68 127.9	88 714.3	146 032.3	115 003.7	45.0	15 360.8	8 501.0	330 942.5	154.2	907.0
2017Q2	22 139.5	8 949 474.9	62 248.1	80 530.7	198 102.1	142 230.7	49.7	16 209.2	8 961.8	324 980.8	169.0	894.7
2017Q3	24 174.7	9 807 356.1	60 904.1	78 982.7	238 463.6	170 137.5	54.5	16 544.6	9 321.7	338 552.3	120.3	655.2
2017Q4	25 871.8	10 074 019.5	61 473.7	83 217.6	263 830.0	189 828.6	52.5	19 341.4	9 118.3	314 025.0	—	—
2018Q1	25 090.9	9 920 065.5	49 967.2	77 113.6	260 446.8	199 924.6	53.0	19 484.1	7 627.7	309 806.0	—	—
2018Q2	26 063.4	10 358 308.1	52 204.1	81 783.6	294 216.7	215 861.3	51.0	20 567.6	8 700.6	284 671.4	—	—
2018Q3	27 751.8	11 640 199.3	55 985.4	90 597.5	325 654.6	232 728.6	56.1	20 923.6	9 311.6	275 730.6	—	—
2018Q4	28 404.7	11 616 209.8	60 122.7	105 832.3	329 466.3	242 030.1	53.4	22 292.2	9 849.1	250 076.8	—	—
2019Q1	26 669.3	11 800 234.4	55 143.0	127 425.9	299 404.7	240 545.9	50.4	20 950.2	7 751.5	248 088.8	—	—
2019Q2	27 004.0	12 452 303.5	59 814.2	122 171.4	338 093.5	255 174.1	53.7	20 023.0	7 264.4	235 270.8	—	—
2019Q3	29 495.0	12 612 241.9	68 052.6	125 144.3	370 033.8	275 880.9	58.1	20 740.8	7 796.3	222 434.5	—	—
2019Q4	26 252.3	12 642 455.9	79 737.9	231 020.8	393 551.5	336 070.4	58.0	23 637.2	5 410.2	113 084.9	—	—
2020Q1	11 271.6	12 258 027.5	69 597.3	311 268.4	339 823.9	401 722.6	48.4	22 205.4	2 617.1	24 405.7	—	—
2020Q2	12 379.0	15 001 512.8	87 471.5	371 666.8	380 698.3	475 973.6	59.9	24 102.8	2 174.8	24 288.3	—	—
2020Q3	13 493.7	14 992 930.6	91 445.9	379 114.5	415 960.8	556 749.5	75.1	27 314.0	1 796.8	19 678.0	—	—
2020Q4	14 094.4	14 224 845.0	97 332.4	406 699.8	425 945.5	600 463.9	83.1	29 088.2	435.4	16 994.4	—	—
2021Q1	12 308.2	14 289 586.3	94 717.4	391 954.3	423 752.6	668 869.4	83.2	33 923.6	248.6	10 729.4	—	—
2021Q2	11 647.4	15 189 997.4	97 490.8	389 972.2	441 428.1	667 556.8	94.8	33 831.7	252.9	11 762.2	—	—

表 11 其他清算机构支付系统业务量

单位：万笔、亿元

时期	银行卡跨行支付系统		网联清算系统		城市商业银行汇票处理系统和支付清算系统		农信银支付清算系统		人民币跨境支付系统	
	笔数	金额	笔数	金额	笔数	金额	笔数	金额	笔数	金额
2012Q1	184 162.9	40 859.6	—	—	—	—	—	—	—	—
2012Q2	201 439.1	46 335.4	—	—	—	—	—	—	—	—
2012Q3	215 473.4	52 438.9	—	—	—	—	—	—	—	—
2012Q4	226 220.3	57 802.7	—	—	—	—	—	—	—	—
2013Q1	221 099.6	60 650.3	—	—	12.4	572.5	2 406.2	6 040.1	—	—
2013Q2	240 463.8	65 354.8	—	—	16.0	636.3	2 811.1	5 787.7	—	—
2013Q3	257 135.9	71 684.6	—	—	26.0	730.7	3 129.9	5 676.2	—	—
2013Q4	272 657.1	80 286.7	—	—	29.2	867.1	3 621.6	5 905.2	—	—
2014Q1	263 054.3	78 512.6	—	—	29.6	706.0	3 919.0	7 363.3	—	—
2014Q2	287 729.2	81 478.0	—	—	32.4	740.0	4 902.5	6 826.7	—	—
2014Q3	304 238.4	84 971.0	—	—	37.7	821.8	5 646.9	6 447.4	—	—
2014Q4	325 890.3	91 115.5	—	—	42.5	1 213.5	7 876.9	7 584.6	—	—
2015Q1	463 687.6	107 177.4	—	—	49.7	1 050.1	7 926.1	8 606.5	—	—
2015Q2	504 988.4	117 165.3	—	—	63.1	1 372.0	10 439.2	8 011.0	—	—
2015Q3	537 411.2	127 077.5	—	—	69.3	1 373.3	15 267.9	8 780.9	—	—
2015Q4	560 670.3	141 332.6	—	—	77.7	1 611.3	23 658.2	10 553.4	—	—
2016Q1	538 184.4	153 149.2	—	—	85.0	1 775.4	28 536.0	12 940.4	9.6	4 135.7
2016Q2	586 444.4	162 165.0	—	—	92.8	1 948.9	37 384.5	12 842.6	10.9	4 701.9
2016Q3	612 282.7	173 064.7	—	—	102.2	2 120.1	44 854.9	13 679.7	19.1	17 003.4
2016Q4	639 268.6	182 315.1	—	—	107.5	2 408.9	57 322.6	14 809.4	24.1	17 776.7
2017Q1	661 900.6	201 087.4	—	—	431.7	2 181.2	57 322.6	16 026.5	26.0	24 851.6
2017Q2	711 889.5	224 765.7	—	—	676.1	2 220.8	71 280.9	15 570.5	29.6	29 182.4
2017Q3	747 582.5	248 416.3	—	—	907.3	2 507.6	85 316.4	16 968.6	36.2	39 872.1
2017Q4	813 399.6	264 222.3	—	—	1 296.3	2 253.1	120 983.9	18 183.3	34.1	51 633.5
2018Q1	769 969.1	271 987.8	577 517.5	20 221.4	1 431.1	1 576.2	12 607.9	9 244.8	32.9	54 528.3
2018Q2	610 701.1	289 083.7	814 564.1	26 969.2	1 902.4	1 334.8	13 477.8	7 052.3	33.9	65 480.2
2018Q3	663 033.5	304 039.5	3 365 540.3	126 796.0	2 208.5	1 403.9	14 895.1	6 945.7	38.1	70 130.4
2018Q4	763 963.1	325 598.9	8 090 071.9	405 079.2	753.9	1 567.9	18 798.1	7 042.9	39.3	74 324.3
2019Q1	2 279 905.4	382 663.1	7 581 500.0	547 164.0	103.0	1 561.9	21 956.9	7 901.3	38.8	76 207.9
2019Q2	3 438 292.0	446 783.9	8 740 200.0	576 266.1	116.5	1 748.3	28 593.4	6 943.7	45.2	82 141.5
2019Q3	3 840 354.3	449 148.9	10 855 400.0	690 053.2	125.1	1 901.8	38 435.4	7 243.5	51.3	94 314.5
2019Q4	3 958 920.9	457 441.8	12 577 100.0	784 939.5	132.5	2 108.9	41 254.2	7 196.5	53.2	86 591.5
2020Q1	2 602 741.5	416 019.3	8 844 100.0	636 308.6	101.2	1 738.3	32 194.3	6 111.1	44.4	95 776.7
2020Q2	3 470 384.2	463 882.3	12 746 700.0	786 487.0	142.9	2 377.3	45 412.4	6 428.6	49.2	100 480.8
2020Q3	4 294 497.0	511 462.6	15 612 208.7	972 051.5	213.6	3 081.6	47 933.0	6 333.3	58.5	121 355.8
2020Q4	4 688 377.6	530 481.8	17 113 839.4	1 093 789.2	298.1	3 806.8	48 265.8	7 569.4	68.4	135 105.8
2021Q1	4 295 706.3	545 715.2	13 075 048.4	1 030 730.1	331.3	3 758.4	54 260.1	8 459.7	75.6	174 887.1
2021Q2	5 137 728.5	547 635.7	16 295 466.7	1 119 789.3	390.6	4 551.5	64 765.6	8 109.7	80.6	191 372.3

表 12　银行行内业务系统业务量

单位：万笔、亿元

时期	笔数	金额
2012Q1	204 460.1	1 439 891.6
2012Q2	214 398.5	1 509 291.7
2012Q3	229 758.6	1 625 050.2
2012Q4	256 256.6	1 671 360.2
2013Q1	240 139.3	1 605 174.9
2013Q2	269 715.1	1 833 255.4
2013Q3	268 033.8	1 891 426.3
2013Q4	298 027.3	2 122 368.0
2014Q1	298 958.1	2 082 914.4
2014Q2	340 809.6	2 163 213.6
2014Q3	379 929.4	2 283 909.9
2014Q4	412 116.7	2 432 759.7
2015Q1	381 643.8	3 140 296.6
2015Q2	458 591.1	3 161 265.0
2015Q3	535 163.1	2 727 223.4
2015Q4	595 377.5	2 911 337.1
2016Q1	554 342.4	2 842 579.4
2016Q2	568 185.7	2 942 988.8
2016Q3	675 849.1	2 962 996.9
2016Q4	784 650.7	3 406 128.5
2017Q1	767 926.8	3 290 356.9
2017Q2	773 939.7	3 234 811.9
2017Q3	827 365.7	3 265 476.4
2017Q4	862 104.1	3 546 240.6
2018Q1	825 635.8	3 383 837.6
2018Q2	963 453.1	3 391 261.4
2018Q3	1 022 424.0	3 281 297.9
2018Q4	858 014.8	3 264 474.3
2019Q1	433 297.7	3 028 732.7
2019Q2	377 751.9	2 986 702.1
2019Q3	403 426.4	3 029 617.6
2019Q4	432 415.2	3 141 890.3
2020Q1	384 398.2	2 977 879.4
2020Q2	418 584.1	3 382 684.5
2020Q3	440 316.2	4 445 111.7
2020Q4	448 565.2	5 077 517.4
2021Q1	452 470.7	4 992 905.5
2021Q2	456 283.3	4 880 259.6

表 13　单位银行结算账户数量

单位：万户

时期	基本存款账户	一般存款账户	专用存款账户	临时存款账户	单位账户合计
2012Q1	1 744.6	898.3	250.4	24.1	2 917.3
2012Q2	1 805.8	935.9	252.6	23.8	3 018.0
2012Q3	1 854.0	963.1	254.8	23.4	3 095.3
2012Q4	1 904.5	983.3	259.0	22.8	3 169.6
2013Q1	1 958.9	1 019.8	263.0	22.7	3 264.4
2013Q2	2 033.0	1 053.4	267.4	22.5	3 376.3
2013Q3	2 100.4	1 081.0	270.7	22.3	3 474.4
2013Q4	2 162.4	1 099.5	274.3	22.0	3 558.1
2014Q1	2 219.3	1 132.3	278.8	21.8	3 652.2
2014Q2	2 308.8	1 162.7	283.1	21.6	3 776.2
2014Q3	2 391.2	1 185.4	287.0	21.3	3 884.9
2014Q4	2 468.0	1 196.9	291.0	21.0	3 976.9
2015Q1	2 544.7	1 223.6	293.9	20.9	4 083.0
2015Q2	2 648.2	1 250.2	299.8	20.8	4 219.0
2015Q3	2 745.9	1 261.8	305.0	20.8	4 333.5
2015Q4	2 835.4	1 272.8	310.1	20.7	4 439.0
2016Q1	2 928.1	1 292.5	315.7	20.7	4 557.0
2016Q2	3 050.1	1 303.2	320.8	20.5	4 694.6
2016Q3	3 169.4	1 309.7	326.0	20.4	4 825.5
2016Q4	3 282.7	1 306.7	330.0	20.1	4 939.5
2017Q1	3 394.2	1 320.7	333.7	19.9	5 068.6
2017Q2	3 528.5	1 327.8	336.1	19.6	5 212.0
2017Q3	3 666.4	1 331.3	338.5	19.4	5 355.5
2017Q4	3 792.3	1 331.1	341.0	19.1	5 483.4
2018Q1	3 908.0	1 350.5	345.2	19.0	5 622.6
2018Q2	4 066.4	1 369.8	349.1	18.8	5 804.1
2018Q3	4 213.1	1 391.4	353.6	18.8	5 976.9
2018Q4	4 335.0	1 407.9	357.4	18.6	6 118.9
2019Q1	4 464.7	1 443.4	362.1	18.5	6 288.7
2019Q2	4 625.6	1 476.9	367.5	18.3	6 488.3
2019Q3	4 776.0	1 507.0	372.2	18.2	6 673.4
2019Q4	4 913.6	1 528.0	377.2	18.1	6 836.9
2020Q1	5 015.5	1 570.9	382.8	18.1	6 987.3
2020Q2	5 161.6	1 611.0	390.2	18.1	7 180.8
2020Q3	5 293.8	1 643.3	397.4	18.0	7 352.5
2020Q4	5 393.6	1 663.5	405.6	18.5	7 481.3
2021Q1	5 538.3	1 716.8	413.3	18.7	7 687.1
2021Q2	5 688.7	1 791.8	419.8	18.7	7 919.0

表 14　个人银行结算账户数量

单位：亿户

时期	个人银行结算账户数量
2012Q1	42.6
2012Q2	44.8
2012Q3	47.1
2012Q4	48.8
2013Q1	50.4
2013Q2	52.3
2013Q3	54.1
2013Q4	56.1
2014Q1	58.1
2014Q2	60.2
2014Q3	62.6
2014Q4	64.7
2015Q1	66.7
2015Q2	68.8
2015Q3	71.0
2015Q4	73.3
2016Q1	75.1
2016Q2	77.9
2016Q3	80.3
2016Q4	83.0
2017Q1	84.8
2017Q2	86.5
2017Q3	89.2
2017Q4	91.7
2018Q1	93.5
2018Q2	95.5
2018Q3	98.1
2018Q4	100.7
2019Q1	103.9
2019Q2	106.0
2019Q3	109.5
2019Q4	112.8
2020Q1	114.4
2020Q2	117.9
2020Q3	120.9
2020Q4	124.6
2021Q1	127.8
2021Q2	130.4

附录二
支付业务报表

一、非现金支付工具类报表

全国银行非现金支付工具结构情况季报表

2021 年第二季度　　　　　　　　　　　　　　　　　　　　单位：万笔、亿元

业务类别	项目	笔数	金额
票据	银行汇票	3.1	251.6
	其中：现金银行汇票	0.0	0.0
	转账银行汇票	3.1	251.6
	商业汇票	655.7	56 260.5
	其中：商业承兑汇票	68.4	7 530.8
	银行承兑汇票	587.2	48 729.7
	银行本票	6.3	881.7
	其中：现金本票	0.0	0.0
	转账本票	6.2	881.7
	支票	2 547.0	221 344.2
	其中：现金支票	815.3	5 715.6
	转账支票	1 731.7	215 628.6
	其中：单位支票	2 538.3	221 184.2
	个人支票	8.6	160.1
	合计	3 212.1	278 738.0
银行卡	存现	123 787.8	94 092.2
	取现	178 836.6	87 122.9
	其中：ATM 取现	138 042.4	33 418.8
	消费	5 498 698.6	331 570.4
	转账	4 330 384.7	1 889 690.1
	合计	10 131 707.7	2 402 475.6
其他结算方式	贷记转账	244 925.3	7 992 944.1
	直接借记	9 569.0	126 244.7
	托收承付	4.1	1 793.3
	国内信用证	2.0	6 047.0
	合计	254 500.3	8 127 029.0

政策性银行非现金支付工具结构情况季报表

2021 年第二季度　　　　　　　　　　　　　　　　　　单位：万笔、亿元

业务类别	项目	笔数	金额
票据	银行汇票	0.0	0.0
	其中：现金银行汇票	0.0	0.0
	转账银行汇票	0.0	0.0
	商业汇票	0.1	35.3
	其中：商业承兑汇票	0.0	0.0
	银行承兑汇票	0.1	35.3
	银行本票	0.0	0.0
	其中：现金本票	0.0	0.0
	转账本票	0.0	0.0
	支票	1.6	2 340.8
	其中：现金支票	0.7	11.6
	转账支票	0.9	2 329.2
	其中：单位支票	1.6	2 340.8
	个人支票	0.0	0.0
	合计	1.7	2 376.1
银行卡	存现	0.0	0.0
	取现	0.0	0.0
	其中：ATM 取现	0.0	0.0
	消费	0.0	0.0
	转账	0.0	0.0
	合计	0.0	0.0
其他结算方式	贷记转账	492.3	91 351.4
	直接借记	2.0	69 401.3
	托收承付	0.0	0.0
	国内信用证	0.0	72.0
	合计	494.3	160 824.7

国有大型商业银行非现金支付工具结构情况季报表

2021 年第二季度　　　　　　　　　　　　　　　　　　单位：万笔、亿元

业务类别	项目	笔数	金额
票据	银行汇票	1.3	112.4
	其中：现金银行汇票	0.0	0.0
	转账银行汇票	1.3	112.4
	商业汇票	104.2	10 048.0
	其中：商业承兑汇票	25.1	1 784.4
	银行承兑汇票	79.2	8 263.6
	银行本票	3.9	485.9
	其中：现金本票	0.0	0.0
	转账本票	3.9	485.9
	支票	1 116.9	110 720.6
	其中：现金支票	338.6	2 570.8
	转账支票	778.3	108 149.8
	其中：单位支票	1 113.9	110 682.4
	个人支票	3.1	38.2
	合计	1 226.4	121 367.0
银行卡	存现	87 545.4	61 821.5
	取现	100 691.0	53 269.5
	其中：ATM 取现	89 199.2	22 401.3
	消费	3 807 645.2	204 224.7
	转账	1 990 049.8	1 106 406.9
	合计	5 985 931.4	1 425 722.6
其他结算方式	贷记转账	130 921.6	4 659 114.3
	直接借记	3 304.6	8 101.1
	托收承付	2.9	1 415.8
	国内信用证	0.8	1 432.8
	合计	134 230.0	4 670 064.0

股份制商业银行非现金支付工具结构情况季报表

2021 年第二季度　　　　　　　　　　　　　　　　　　　　　单位：万笔、亿元

业务类别	项目	笔数	金额
票据	银行汇票	0.2	85.3
	其中：现金银行汇票	0.0	0.0
	转账银行汇票	0.2	85.3
	商业汇票	224.7	24 701.8
	其中：商业承兑汇票	24.4	3 072.1
	银行承兑汇票	200.4	21 629.7
	银行本票	0.7	161.4
	其中：现金本票	0.0	0.0
	转账本票	0.7	161.4
	支票	132.1	33 760.3
	其中：现金支票	52.5	277.8
	转账支票	79.6	33 482.5
	其中：单位支票	130.4	33 735.3
	个人支票	1.7	25.0
	合计	357.8	58 708.8
银行卡	存现	4 322.0	5 004.7
	取现	7 228.4	4 571.7
	其中：ATM 取现	6 553.8	1 886.3
	消费	723 535.8	87 398.9
	转账	320 959.8	341 755.3
	合计	1 056 046.1	438 730.6
其他结算方式	贷记转账	48 717.7	2 104 771.6
	直接借记	1 733.3	44 449.1
	托收承付	1.2	372.2
	国内信用证	0.8	3 532.7
	合计	50 453.0	2 153 125.6

银行卡业务
2021 年

金融机构类别	银行卡数量					
	新发卡数量			在用发卡数量		
	借记卡	信用卡	小计	借记卡	信用卡	小计
政策性银行	0.0	0.0	0.0	0.0	0.0	0.0
国有大型商业银行	6 169.5	1 460.2	7 629.7	516 905.6	37 897.6	554 803.1
股份制商业银行	2 058.1	1 827.0	3 885.1	71 496.2	35 160.0	106 656.1
城市商业银行	3 840.8	339.4	4 180.2	94 808.8	3 678.5	98 487.3
农村商业银行	1 600.1	110.6	1 710.7	107 713.3	1 838.0	109 551.3
农村合作银行	24.6	2.7	27.3	2 254.5	37.3	2 291.8
农村信用社	424.6	29.4	454.1	34 473.0	275.4	34 748.4
外资银行	33.7	6.0	39.7	655.5	130.4	785.8
村镇银行	570.8	0.0	570.8	3 705.7	0.0	3 705.7
合计	14 722.2	3 775.4	18 497.6	832 012.6	79 017.0	911 029.6

情况季报表

第二季度 单位：万张、万笔、亿元、万台

	资金交易情况									ATM数量
	存现		取现		消费		转账		小计	
	笔数	金额	笔数	金额	笔数	金额	笔数	金额	笔数	金额	
	0.0	0.0	0.0	0.0	0.0	0.0	0.0	0.0	0.0	0.0	0.0
	87 545.4	61 821.5	100 691.0	53 269.5	3 807 645.2	204 224.7	1 990 049.8	1 106 406.9	5 985 931.4	1 425 722.6	59.2
	4 322.0	5 004.7	7 228.4	4 571.7	723 535.8	87 398.9	320 959.8	341 755.3	1 056 046.1	438 730.6	8.8
	7 482.5	8 349.1	11 013.2	6 018.7	859 782.8	26 507.2	1 632 946.8	243 389.7	2 511 225.3	284 264.8	6.9
	17 383.1	13 209.0	45 541.0	16 774.0	70 858.0	10 310.1	317 418.5	161 732.2	451 200.5	202 025.3	17.0
	401.6	276.4	684.3	250.8	783.3	157.5	8 261.3	2 477.4	10 130.6	3 162.1	0.5
	5 877.0	4 286.5	12 293.7	4 954.6	31 807.2	2 416.5	49 600.8	23 878.8	99 578.7	35 536.4	5.2
	32.2	26.5	61.3	18.2	2 928.8	245.3	252.9	607.2	3 275.3	897.2	0.1
	744.1	1 118.5	1 323.6	1 265.3	1 357.5	310.2	10 894.8	9 442.5	14 319.9	12 136.6	1.0
	123 787.8	94 092.2	178 836.6	87 122.9	5 498 698.6	331 570.4	4 330 384.7	1 889 690.1	10 131 707.7	2 402 475.6	98.7

二、支付系统类报表

大额实时支付系统地区间

2021 年

资金流出 \ 资金流入	北京市		天津市	
	笔数	金额	笔数	金额
北京市	364.6	2 612 885.2	16.2	44 454.9
天津市	21.0	43 965.3	80.2	61 052.8
河北省	21.1	28 684.9	8.9	3 216.0
山西省	7.1	16 210.8	1.8	633.7
内蒙古自治区	5.2	9 618.2	1.2	594.4
辽宁省	13.9	35 755.1	3.7	2 003.2
吉林省	7.3	17 544.1	0.9	380.3
黑龙江省	5.3	14 239.0	0.8	955.4
上海市	92.5	1 184 236.3	10.8	24 431.5
江苏省	45.5	150 384.2	10.3	3 778.4
浙江省	38.9	178 156.9	6.9	6 348.6
安徽省	21.1	43 532.4	3.0	740.3
福建省	14.5	104 978.2	1.5	2 051.1
江西省	11.1	36 290.9	1.2	1 477.4
山东省	33.7	86 686.2	6.2	2 687.7
河南省	14.7	47 296.2	2.1	1 523.0
湖北省	15.0	27 180.3	1.5	647.9
湖南省	17.0	41 836.8	0.8	571.9
广东省	29.7	164 320.7	3.8	2 847.3
广西壮族自治区	7.3	19 938.1	0.6	445.1
海南省	2.4	2 114.5	0.3	309.9
重庆市	9.4	40 663.5	1.1	712.7
四川省	19.4	52 647.8	1.8	1 548.0
贵州省	7.4	34 896.5	0.8	1 012.7
云南省	5.3	11 320.1	0.4	285.2
西藏自治区	0.8	590.6	0.0	22.2
陕西省	8.4	14 920.6	1.4	734.2
甘肃省	2.9	13 543.6	0.4	221.7
青海省	1.0	1 298.0	0.1	60.9
宁夏回族自治区	2.0	3 975.1	0.4	87.3
新疆维吾尔自治区	4.4	10 400.1	0.9	372.0
深圳市	61.2	326 412.1	3.4	5 335.6
合计	911.3	5 376 522.2	173.6	171 543.3

资金流量流向情况季报表
第二季度　　　　　　　　　　　　　　　　　　　　　　　　　　　　　　　　　单位：万笔、亿元

河北省		山西省		内蒙古自治区	
笔数	金额	笔数	金额	笔数	金额
30.0	29 559.8	9.9	15 066.7	10.1	10 078.8
10.6	2 799.5	1.9	643.8	1.3	669.8
217.6	66 586.8	2.7	850.6	2.0	585.5
4.1	547.0	157.9	60 932.7	1.2	261.7
2.3	512.9	0.9	258.8	84.3	26 711.9
8.5	1 648.1	1.6	493.3	2.0	857.7
1.8	305.7	0.3	71.2	0.9	249.0
1.4	1 458.7	0.2	603.5	1.2	725.1
9.5	8 764.3	4.0	6 712.6	3.0	5 107.4
14.2	2 308.9	4.1	985.0	2.7	749.4
8.6	2 412.6	3.5	1 476.7	2.0	717.0
6.0	536.4	1.6	262.3	1.2	131.4
1.9	2 035.0	0.7	920.6	0.6	431.6
1.8	1 125.9	0.8	364.1	0.4	358.9
11.8	2 374.6	3.5	907.3	2.2	1 151.0
5.0	2 357.2	3.0	1 011.9	1.0	608.5
2.7	424.9	1.1	258.8	0.7	152.0
1.2	729.8	0.5	230.5	0.3	150.4
4.3	1 837.1	1.5	3 218.0	1.0	1 112.6
1.2	373.0	0.4	390.5	0.3	113.3
0.5	222.4	0.3	191.3	0.2	46.1
1.1	771.6	0.5	356.9	0.3	127.1
3.0	869.4	1.3	405.3	0.8	255.6
1.1	931.5	0.4	325.9	0.2	99.0
0.8	283.0	0.2	104.6	0.2	108.8
0.1	30.4	0.0	11.3	0.0	4.7
2.6	896.3	2.1	407.5	1.7	372.7
0.7	213.7	0.3	144.9	0.4	227.0
0.2	23.6	0.1	8.9	0.1	160.4
0.6	89.6	0.2	55.2	1.1	173.1
1.7	380.4	0.4	332.5	0.4	76.9
3.0	1 575.7	1.2	1 655.7	0.7	559.7
360.0	134 985.8	207.2	99 658.8	124.7	53 134.2

大额实时支付系统地区间

2021 年

资金流出 \ 资金流入	辽宁省 笔数	辽宁省 金额	吉林省 笔数	吉林省 金额
北京市	13.5	37 621.4	5.3	15 762.0
天津市	3.0	2 062.2	1.1	624.1
河北省	3.4	1 522.9	1.3	303.3
山西省	1.0	449.0	0.7	111.7
内蒙古自治区	1.7	746.3	0.9	241.8
辽宁省	219.7	61 094.2	3.8	899.6
吉林省	5.1	892.1	107.6	52 583.7
黑龙江省	3.6	2 560.3	1.7	704.4
上海市	11.6	17 259.0	3.8	3 306.6
江苏省	7.3	4 180.8	5.1	974.0
浙江省	6.3	6 504.9	3.5	1 237.9
安徽省	2.2	547.0	1.8	238.9
福建省	1.4	2 103.3	0.6	397.9
江西省	0.9	1 411.4	0.5	230.8
山东省	5.2	1 928.3	3.3	887.2
河南省	1.9	1 994.7	1.0	286.8
湖北省	1.4	589.1	0.9	207.7
湖南省	0.7	503.3	0.5	100.6
广东省	3.1	3 118.0	1.3	737.5
广西壮族自治区	0.7	529.8	0.3	76.3
海南省	0.5	205.2	0.3	492.1
重庆市	0.7	808.4	0.6	215.7
四川省	1.9	1 276.0	1.2	241.7
贵州省	0.5	236.2	0.4	62.7
云南省	0.5	376.6	0.3	42.2
西藏自治区	0.1	44.1	0.0	2.2
陕西省	1.1	596.9	0.7	101.1
甘肃省	0.3	599.2	0.1	72.9
青海省	0.1	34.0	0.1	2.7
宁夏回族自治区	0.2	120.9	0.1	12.2
新疆维吾尔自治区	0.6	370.0	0.4	39.4
深圳市	3.1	2 904.4	1.0	744.3
合计	303.3	155 189.9	150.0	81 941.6

资金流量流向情况季报表

第二季度　　　　　　　　　　　　　　　　　　　　　　　　　　　　　　　　　　　　　单位：万笔、亿元

黑龙江省		上海市		江苏省	
笔数	金额	笔数	金额	笔数	金额
6.7	16 030.2	89.8	1 103 497.9	49.8	146 072.1
0.9	803.0	11.2	31 159.4	10.1	4 062.5
1.0	1 526.8	8.1	8 092.3	6.6	1 906.2
0.3	604.5	5.2	6 119.3	4.1	987.8
0.8	732.8	3.0	5 158.7	1.7	660.8
3.6	2 638.9	12.0	24 965.0	11.5	4 171.6
1.8	616.3	4.3	3 079.6	2.4	753.4
88.3	20 107.2	3.2	4 686.0	1.9	1 384.0
3.6	5 303.3	499.0	1 169 644.2	80.4	86 319.7
2.6	1 590.2	107.0	97 661.3	1 040.0	319 973.0
1.7	1 658.1	67.0	124 115.1	57.6	20 995.4
0.9	124.5	26.3	12 924.1	38.1	5 197.6
0.4	1 287.3	17.7	123 077.1	8.5	11 662.8
0.3	389.7	7.2	13 788.3	5.2	2 304.4
2.2	2 055.4	23.6	42 924.0	24.7	5 868.9
0.6	1 467.8	11.2	18 982.5	9.0	4 898.7
0.6	552.8	11.6	18 564.5	8.6	2 535.4
0.2	633.9	6.3	21 042.7	4.6	1 653.6
1.0	2 859.1	39.3	113 100.8	19.2	15 352.9
0.2	1 358.0	4.9	7 210.1	3.4	1 594.4
0.3	80.8	1.8	1 127.3	0.9	519.4
0.2	2 201.8	7.4	18 384.8	4.3	4 315.5
0.8	1 060.1	15.0	29 507.7	8.2	3 652.4
0.2	472.5	4.2	6 304.5	2.7	1 744.0
0.2	652.6	4.0	4 309.3	1.9	601.7
0.0	4.9	0.3	298.9	0.2	40.1
0.5	240.2	6.3	6 833.4	4.9	1 434.5
0.1	770.2	1.8	4 995.2	1.3	466.6
0.1	7.0	1.1	525.4	0.4	94.3
0.1	303.6	1.3	2 980.0	0.9	468.3
0.4	512.0	3.5	3 025.0	2.7	687.5
0.9	874.6	39.3	345 666.7	15.2	21 287.5
121.5	69 520.0	1 043.9	3 373 751.0	1 430.9	673 667.1

大额实时支付系统地区间

2021年

资金流出 \ 资金流入	浙江省 笔数	浙江省 金额	安徽省 笔数	安徽省 金额
北京市	34.9	182 198.8	17.7	42 402.3
天津市	8.0	5 791.2	1.8	715.8
河北省	6.1	2 315.1	1.9	431.5
山西省	3.5	1 567.3	1.1	189.0
内蒙古自治区	1.6	682.8	0.5	121.3
辽宁省	9.9	3 167.6	2.1	533.3
吉林省	3.2	1 016.5	0.6	102.4
黑龙江省	1.7	1 742.8	0.5	94.9
上海市	56.5	100 902.8	13.4	12 225.6
江苏省	76.0	21 791.5	27.9	5 299.5
浙江省	586.2	313 096.4	12.3	5 019.9
安徽省	24.1	5 104.1	425.5	94 142.6
福建省	11.9	9 125.6	2.1	2 341.6
江西省	8.9	4 744.6	1.8	563.8
山东省	18.1	6 621.7	5.3	1 001.2
河南省	7.4	5 110.7	3.1	1 247.6
湖北省	12.4	6 512.6	2.9	642.5
湖南省	4.1	3 396.2	1.1	324.0
广东省	19.4	16 437.3	5.2	2 851.8
广西壮族自治区	4.0	1 933.4	1.1	185.6
海南省	1.1	423.1	0.3	46.5
重庆市	4.1	7 499.9	1.0	1 503.5
四川省	7.6	4 284.5	2.2	398.3
贵州省	3.8	2 448.6	0.9	526.3
云南省	2.4	741.4	0.5	68.4
西藏自治区	0.1	44.5	0.1	5.8
陕西省	4.4	2 196.9	1.3	293.8
甘肃省	1.2	1 021.7	0.4	148.9
青海省	0.4	111.3	0.1	42.1
宁夏回族自治区	0.7	245.4	0.3	71.9
新疆维吾尔自治区	2.5	1 154.9	0.7	147.9
深圳市	17.6	25 770.7	3.8	2 822.1
合计	943.8	739 202.1	539.5	176 511.7

资金流量流向情况季报表

第二季度
单位：万笔、亿元

福建省		江西省		山东省	
笔数	金额	笔数	金额	笔数	金额
18.1	104 952.3	12.7	35 845.1	41.1	88 403.5
2.3	2 469.4	1.1	1 388.6	8.8	3 385.4
1.7	2 110.3	1.4	1 170.5	9.5	2 371.5
0.9	835.4	0.8	357.1	4.1	815.2
0.5	329.1	0.3	293.3	1.9	981.7
2.0	2 127.7	1.3	1 376.2	11.0	2 059.7
0.6	288.2	0.5	192.3	2.5	576.4
0.4	1 335.9	0.4	381.8	2.0	2 058.7
18.6	93 830.0	7.7	15 414.5	26.8	33 603.9
11.0	11 417.5	6.9	2 265.4	42.9	6 271.3
10.7	9 627.0	8.1	4 572.4	19.8	7 235.9
3.9	2 223.5	3.5	618.0	12.6	1 065.5
227.9	104 401.1	3.7	2 551.4	4.6	4 585.1
3.2	2 645.6	148.9	57 307.9	2.6	2 176.1
5.6	5 123.0	2.4	2 127.0	583.2	173 215.8
2.1	3 119.4	1.4	2 338.8	8.0	4 506.9
2.5	1 654.8	2.4	1 789.5	4.6	1 514.0
1.3	1 508.0	2.0	1 129.8	2.0	1 034.6
9.2	16 709.3	6.4	3 245.6	8.8	5 729.0
2.3	1 157.3	1.6	669.3	2.2	707.6
0.6	244.8	0.3	83.9	0.9	277.7
1.3	3 479.3	0.8	3 716.5	2.6	2 020.8
2.9	2 515.8	1.8	1 005.8	5.1	2 087.8
1.2	1 381.4	1.1	1 416.7	1.8	1 762.1
0.9	576.4	0.7	179.8	1.3	782.6
0.1	15.1	0.1	9.0	0.2	20.1
1.5	2 183.7	0.9	1 799.9	4.2	751.1
0.3	373.3	0.3	137.6	1.2	491.0
0.1	51.8	0.1	52.3	0.4	66.2
0.2	270.4	0.1	99.9	0.9	313.3
0.6	227.0	0.5	223.0	2.3	481.6
7.0	12 367.8	4.4	5 734.4	7.7	9 518.0
341.5	391 551.3	224.6	149 493.2	827.5	360 870.2

大额实时支付系统地区间

2021年

资金流出 \ 资金流入	河南省 笔数	河南省 金额	湖北省 笔数	湖北省 金额
北京市	22.0	46 475.7	20.9	25 098.5
天津市	2.9	1 598.0	1.9	678.2
河北省	4.3	2 398.7	1.6	420.7
山西省	3.2	976.2	1.1	271.8
内蒙古自治区	1.0	572.6	0.5	145.4
辽宁省	3.4	2 052.6	1.9	679.6
吉林省	0.9	285.3	0.8	227.7
黑龙江省	0.8	1 986.7	0.5	555.7
上海市	11.4	20 310.6	12.8	15 668.0
江苏省	14.2	4 747.9	9.6	2 545.7
浙江省	9.4	5 171.3	7.1	5 633.8
安徽省	8.0	1 278.0	5.5	667.6
福建省	2.5	3 150.1	2.1	1 761.7
江西省	1.6	2 223.5	2.2	1 791.2
山东省	9.0	4 586.3	4.4	1 563.1
河南省	217.1	135 799.5	3.1	1 495.0
湖北省	5.0	1 601.5	226.5	65 811.2
湖南省	1.5	783.3	2.5	1 283.5
广东省	5.3	3 341.6	6.9	3 488.2
广西壮族自治区	1.9	736.5	1.5	597.8
海南省	0.6	187.8	0.4	142.1
重庆市	1.3	1 565.0	1.6	2 934.7
四川省	3.2	1 872.0	3.2	1 055.8
贵州省	1.2	926.0	1.3	742.4
云南省	0.8	407.3	0.8	307.2
西藏自治区	0.1	58.5	0.1	11.6
陕西省	3.4	1 167.3	1.8	1 521.4
甘肃省	0.7	164.6	0.4	276.3
青海省	0.4	38.0	0.3	36.8
宁夏回族自治区	0.4	177.8	0.3	41.7
新疆维吾尔自治区	1.4	710.9	0.8	370.2
深圳市	4.4	4 375.2	5.0	4 140.4
合计	343.2	251 726.4	329.1	141 965.0

资金流量流向情况季报表

第二季度　　　　单位：万笔、亿元

湖南省		广东省		广西壮族自治区	
笔数	金额	笔数	金额	笔数	金额
18.3	40 733.3	36.6	156 931.7	7.2	20 229.8
1.0	518.7	5.0	2 594.2	0.5	498.7
1.2	771.8	4.7	1 614.9	0.7	438.7
0.6	185.0	2.5	3 198.9	0.3	338.7
0.3	154.1	1.0	1 057.3	0.1	83.1
1.2	562.7	5.2	3 055.4	0.7	514.4
0.4	90.1	1.6	667.3	0.2	50.9
0.6	642.7	1.4	2 927.7	0.2	1 352.9
7.8	19 527.5	43.2	106 034.5	4.4	6 797.3
5.6	1 409.7	28.0	15 343.9	2.8	914.9
4.7	5 050.8	24.4	16 618.5	3.2	2 006.9
3.0	362.5	14.0	2 713.4	1.4	219.0
1.5	1 396.6	11.9	15 746.0	1.8	1 120.5
2.6	997.3	8.6	3 329.3	0.7	643.2
4.4	1 082.5	10.9	5 093.1	1.7	742.2
1.6	833.9	5.6	3 126.2	0.9	675.7
3.2	1 161.7	9.2	3 389.7	1.4	605.8
158.5	47 715.3	7.0	2 571.2	1.0	454.6
6.5	2 660.4	428.1	255 171.6	6.8	4 731.8
2.2	363.7	10.6	4 690.0	173.2	35 031.0
0.4	128.9	3.1	1 895.3	0.4	133.4
1.0	1 417.7	4.3	6 367.9	0.6	580.2
2.2	619.4	8.3	3 562.9	1.4	608.6
1.8	1 092.8	6.3	5 008.3	1.0	970.7
0.9	269.5	3.0	1 877.1	0.8	242.0
0.1	20.4	0.2	71.9	0.0	16.5
1.0	662.3	3.8	2 379.3	0.6	413.6
0.3	60.1	0.9	873.0	0.2	334.3
0.2	53.7	0.4	112.0	0.1	28.4
0.2	51.9	0.5	840.1	0.1	306.2
0.6	307.0	1.5	1 190.5	0.2	134.6
4.3	3 424.4	55.0	43 152.4	3.1	1 961.7
238.2	134 328.5	746.4	673 205.7	217.6	83 180.4

大额实时支付系统地区间
2021 年

资金流出 \ 资金流入	海南省		重庆市	
	笔数	金额	笔数	金额
北京市	8.5	1 911.7	9.7	37 292.9
天津市	0.3	269.1	1.4	936.2
河北省	0.4	222.2	1.1	771.7
山西省	0.2	144.9	0.7	341.0
内蒙古自治区	0.2	38.9	0.3	135.5
辽宁省	0.5	202.9	1.1	1 851.4
吉林省	0.3	515.3	0.3	67.4
黑龙江省	0.3	81.0	0.3	2 213.3
上海市	2.1	1 416.4	6.9	16 374.5
江苏省	1.3	538.8	4.8	4 419.5
浙江省	1.2	512.4	4.9	7 190.3
安徽省	0.7	62.4	2.2	1 592.9
福建省	0.5	212.6	1.5	3 609.0
江西省	0.3	65.8	0.8	3 759.1
山东省	1.0	356.1	2.8	2 163.5
河南省	0.4	173.5	1.5	1 595.6
湖北省	0.5	109.3	2.6	3 068.7
湖南省	0.3	88.8	0.9	1 410.1
广东省	2.4	1 416.1	3.6	6 237.1
广西壮族自治区	0.4	111.9	0.9	693.8
海南省	24.2	7 653.7	0.2	126.1
重庆市	0.2	98.1	136.6	44 603.2
四川省	0.6	152.6	11.0	2 993.0
贵州省	0.2	18.8	3.2	2 420.1
云南省	0.2	50.2	1.2	919.1
西藏自治区	0.0	7.0	0.2	28.1
陕西省	0.3	66.0	1.3	1 527.5
甘肃省	0.1	56.3	0.4	154.9
青海省	0.0	1.5	0.1	31.5
宁夏回族自治区	0.1	9.2	0.2	125.9
新疆维吾尔自治区	0.2	38.4	1.0	1 472.2
深圳市	1.1	390.0	3.0	6 139.9
合计	49.1	16 991.7	206.8	156 264.9

资金流量流向情况季报表

第二季度　　　　　　　　　　　　　　　　　　　　　　　　　　　　　　　　　　　　单位：万笔、亿元

四川省		贵州省		云南省	
笔数	金额	笔数	金额	笔数	金额
21.7	52 982.3	7.6	34 728.1	10.5	11 971.3
1.6	1 615.6	0.4	893.8	0.4	253.7
1.4	864.9	0.3	899.0	0.5	333.1
0.9	302.1	0.3	340.1	0.3	109.4
0.5	221.4	0.1	103.4	0.1	80.2
2.0	2 229.5	0.5	244.8	0.5	349.7
0.6	196.6	0.2	59.8	0.2	50.2
0.5	1 088.5	0.1	476.3	0.2	654.6
12.7	25 872.9	3.0	6 546.1	4.1	4 163.3
6.8	3 337.9	2.0	1 945.6	2.2	698.2
7.1	5 074.5	2.2	2 469.0	2.1	675.6
3.1	391.1	1.1	530.2	1.0	152.2
1.9	2 233.4	0.9	1 381.6	0.8	696.3
1.2	1 042.5	0.7	1 387.4	0.7	213.7
3.3	1 899.6	0.9	1 780.0	1.2	798.5
2.1	2 245.2	0.6	955.9	0.7	483.5
2.5	971.7	0.9	735.6	1.1	310.4
1.1	648.4	0.9	1 135.7	0.6	313.1
4.5	3 532.0	1.8	4 512.7	1.9	1 226.9
1.4	509.8	1.1	984.3	1.1	267.5
0.5	140.1	0.1	34.3	0.7	66.8
8.7	2 947.3	1.4	2 409.0	1.0	915.2
354.2	105 578.4	2.5	1 685.8	3.1	546.0
3.6	1 630.6	146.8	27 825.0	1.7	431.4
2.5	495.7	1.0	429.6	128.1	27 698.8
0.8	171.9	0.0	10.3	0.1	13.3
2.7	749.0	0.4	538.6	0.5	295.7
0.8	252.0	0.1	330.6	0.1	99.8
0.4	105.1	0.1	4.5	0.1	23.1
0.3	47.4	0.1	41.7	0.1	28.5
2.1	450.7	0.1	257.1	0.2	86.0
5.0	4 428.5	1.5	4 068.9	1.6	1 314.8
458.5	224 256.3	179.6	99 745.1	167.6	55 320.7

大额实时支付系统地区间

2021 年

资金流出 \ 资金流入	西藏自治区 笔数	西藏自治区 金额	陕西省 笔数	陕西省 金额
北京市	2.0	1 212.1	14.8	14 958.7
天津市	0.1	21.3	1.2	510.6
河北省	0.1	17.7	1.3	903.9
山西省	0.1	17.3	2.1	445.1
内蒙古自治区	0.0	3.9	1.2	386.1
辽宁省	0.1	32.4	1.8	722.7
吉林省	0.0	3.5	0.3	68.5
黑龙江省	0.0	2.0	0.5	233.5
上海市	0.3	170.0	7.1	8 164.2
江苏省	0.2	40.7	5.0	1 372.3
浙江省	0.2	68.7	3.9	2 157.4
安徽省	0.2	11.9	2.1	256.7
福建省	0.1	18.4	1.1	2 076.4
江西省	0.1	12.0	0.7	1 769.6
山东省	0.1	26.0	3.1	756.0
河南省	0.1	59.4	2.5	1 085.4
湖北省	0.1	19.2	1.8	1 474.9
湖南省	0.1	17.1	0.6	654.3
广东省	0.1	75.0	2.3	2 348.6
广西壮族自治区	0.0	5.2	0.5	338.1
海南省	0.0	4.2	0.3	78.6
重庆市	0.1	26.0	1.1	1 659.5
四川省	0.8	139.5	2.9	795.6
贵州省	0.1	12.2	0.7	493.3
云南省	0.1	14.5	0.4	317.5
西藏自治区	7.1	1 878.9	0.1	20.9
陕西省	0.1	28.2	158.0	59 419.3
甘肃省	0.1	12.2	2.0	629.4
青海省	0.1	50.2	0.4	73.4
宁夏回族自治区	0.0	0.6	1.1	378.0
新疆维吾尔自治区	0.0	8.4	1.2	302.6
深圳市	0.2	136.6	2.6	1 602.7
合计	13.0	4 145.3	224.6	106 453.8

资金流量流向情况季报表

第二季度
单位：万笔、亿元

甘肃省		青海省		宁夏回族自治区	
笔数	金额	笔数	金额	笔数	金额
6.4	14 015.1	2.0	1 911.8	2.5	4 105.5
0.4	201.6	0.1	49.9	0.4	90.7
0.4	240.7	0.1	27.0	0.4	119.7
0.3	168.4	0.1	20.0	0.3	85.8
0.3	200.4	0.1	150.7	1.4	148.8
0.5	596.9	0.2	30.6	0.3	117.8
0.1	74.2	0.0	2.5	0.1	22.2
0.2	768.9	0.0	8.5	0.1	295.9
2.2	5 208.7	0.6	421.5	1.2	3 162.7
1.8	460.6	0.5	118.4	1.0	499.5
1.3	1 056.6	0.4	166.3	1.0	272.4
0.7	170.2	0.2	32.1	0.4	64.6
0.4	325.2	0.1	80.0	0.2	300.1
0.3	123.0	0.1	80.1	0.1	110.3
0.9	554.1	0.3	44.2	0.9	322.0
0.6	185.9	0.2	55.5	0.4	200.0
0.5	271.5	0.1	19.0	0.2	54.0
0.2	45.3	0.1	69.6	0.1	39.8
0.8	903.4	0.3	129.7	0.5	871.1
0.2	246.3	0.1	24.7	0.1	315.3
0.1	53.0	0.0	2.3	0.0	11.8
0.3	156.7	0.1	38.6	0.1	98.0
1.2	311.9	0.5	106.3	0.5	98.1
0.2	353.8	0.0	9.2	0.1	33.7
0.1	87.6	0.1	18.9	0.1	29.1
0.1	12.2	0.1	27.9	0.0	3.6
2.5	689.4	0.4	67.8	1.4	363.8
76.4	16 270.2	0.6	94.8	0.7	155.3
0.7	124.5	21.9	4 123.8	0.1	17.7
0.8	145.2	0.1	12.0	31.5	4 748.8
0.8	131.5	0.2	18.2	0.3	54.8
0.8	732.0	0.2	114.5	0.3	363.6
102.4	44 885.2	29.7	8 076.5	46.6	17 176.5

大额实时支付系统地区间
2021 年

资金流出 \ 资金流入	新疆维吾尔自治区	
	笔数	金额
北京市	5.2	11 536.7
天津市	0.5	330.4
河北省	0.6	394.6
山西省	0.3	323.5
内蒙古自治区	0.2	73.7
辽宁省	0.5	384.3
吉林省	0.1	35.3
黑龙江省	0.2	513.3
上海市	2.5	2 522.3
江苏省	2.3	694.2
浙江省	2.2	1 168.2
安徽省	1.1	141.7
福建省	0.7	268.9
江西省	0.3	230.3
山东省	1.5	524.0
河南省	1.0	730.8
湖北省	0.9	360.5
湖南省	0.3	296.9
广东省	1.1	1 154.4
广西壮族自治区	0.2	146.1
海南省	0.3	76.7
重庆市	0.5	1 500.2
四川省	1.4	515.0
贵州省	0.2	283.2
云南省	0.1	80.1
西藏自治区	0.0	6.1
陕西省	0.9	277.5
甘肃省	0.6	144.2
青海省	0.1	26.3
宁夏回族自治区	0.2	49.0
新疆维吾尔自治区	91.2	22 358.4
深圳市	0.7	504.9
合计	118.1	47 651.7

资金流量流向情况季报表
第二季度 单位：万笔、亿元

深圳市		合计	
笔数	金额	笔数	金额
50.0	338 107.6	966.4	5 299 034.0
4.2	5 501.9	185.7	178 155.4
2.8	1 598.5	315.2	133 711.8
1.4	1 663.8	208.2	99 554.0
0.8	559.1	115.0	51 759.6
3.6	2 657.0	330.6	160 075.6
1.2	666.8	147.1	81 734.8
1.0	695.9	119.4	67 535.1
42.5	337 648.7	1 006.1	3 347 070.9
20.2	20 425.4	1 511.6	689 143.5
15.8	30 310.1	924.2	768 777.6
7.3	2 366.4	623.6	178 401.3
6.0	12 087.7	332.1	418 414.3
4.4	5 741.6	220.4	148 699.4
8.0	7 438.3	785.4	365 288.9
3.7	4 464.0	314.0	250 915.5
5.1	3 967.5	330.7	147 159.0
3.6	3 030.4	221.7	135 403.7
48.0	42 999.6	674.2	688 277.4
3.4	1 567.8	229.1	83 311.4
1.0	311.2	42.9	17 431.2
3.5	6 125.0	198.0	160 220.6
6.1	3 389.1	476.1	225 786.5
2.3	3 920.4	197.5	99 792.2
1.8	1 141.4	161.5	54 818.6
0.1	108.2	11.3	3 611.0
3.4	1 401.1	224.6	105 330.6
0.6	609.2	96.7	43 944.6
0.2	97.0	30.1	7 486.4
0.3	347.8	45.2	16 618.1
0.9	413.2	124.6	46 735.2
220.2	275 719.3	478.3	1 115 799.2
473.7	1 117 081.2	11 647.4	15 189 997.4

大额实时支付系统行别间

2021 年

资金流入 / 资金流出	政策性银行		国有大型商业银行		股份制商业银行	
	笔数	金额	笔数	金额	笔数	金额
政策性银行	0.4	4 734.3	9.6	79 276.9	2.2	97 393.0
国有大型商业银行	12.0	75 614.1	2 928.6	1 170 532.0	942.0	941 395.6
股份制商业银行	3.6	100 637.1	881.0	918 001.0	380.7	586 886.3
城市商业银行	3.9	125 899.0	1 187.9	379 831.0	335.1	376 776.8
农村商业银行	2.5	30 767.1	795.7	118 249.5	118.6	84 985.4
农村合作银行	0.1	11.7	16.6	408.6	1.1	198.1
农村信用社	1.8	766.8	388.1	64 288.0	61.5	82 729.8
村镇银行	0.2	124.8	88.3	5 144.6	14.9	2 832.5
外资银行	0.4	7 816.0	136.4	83 134.5	51.8	46 701.5
其他	2.2	117 277.1	195.0	1 305 711.4	53.3	1 007 699.7
合计	27.0	463 648.0	6 627.2	4 124 577.6	1 961.2	3 227 598.6

资金流量流向情况季报表

第二季度　　　　单位：万笔、亿元

城市商业银行		农村商业银行		农村合作银行	
笔数	金额	笔数	金额	笔数	金额
3.0	122 121.4	1.7	29 899.0	0.0	18.3
542.5	406 375.8	418.5	112 689.7	3.5	309.6
194.7	366 139.3	82.6	84 059.7	0.6	166.8
170.9	432 832.5	146.3	106 574.3	0.7	101.1
113.6	108 334.2	35.2	29 801.5	0.1	28.2
2.7	199.3	0.3	20.5	0.0	0.2
56.3	16 931.1	7.2	10 008.6	0.1	35.3
11.6	2 177.4	10.1	1 222.7	0.1	19.0
13.4	21 210.6	8.4	3 799.6	0.0	1.6
62.0	546 553.4	36.3	186 051.4	0.3	367.4
1 170.6	2 022 875.1	746.6	564 127.1	5.4	1 047.4

大额实时支付系统行别间
2021 年

资金流入 / 资金流出	农村信用社		村镇银行		外资银行	
	笔数	金额	笔数	金额	笔数	金额
政策性银行	1.2	971.3	0.2	136.6	0.3	7 754.2
国有大型商业银行	275.4	69 469.8	37.0	4 707.3	66.0	81 977.5
股份制商业银行	66.2	81 869.1	13.6	2 665.3	27.9	48 729.6
城市商业银行	80.5	14 747.1	10.7	2 011.6	15.1	20 818.8
农村商业银行	15.6	3 984.0	10.8	1 072.0	5.3	3 558.3
农村合作银行	0.1	9.1	0.7	12.4	0.0	0.8
农村信用社	5.8	1 994.2	6.4	566.9	1.3	186.9
村镇银行	10.9	708.4	1.5	652.8	0.2	33.6
外资银行	3.0	215.1	0.3	32.2	17.8	48 894.2
其他	35.2	101 405.5	1.5	1 503.5	3.7	55 693.3
合计	493.8	275 373.6	82.7	13 360.6	137.7	267 647.3

资金流量流向情况季报表
第二季度　　　　　　　　　　　　　　　　　　　　　　　　　　　单位：万笔、亿元

其他		合计	
笔数	金额	笔数	金额
3.3	136 363.5	22.0	478 668.5
140.9	1 284 025.7	5 366.3	4 147 097.3
119.5	1 082 926.6	1 770.4	3 272 080.7
61.6	558 932.1	2 012.7	2 018 524.5
22.3	213 703.4	1 119.8	594 483.5
0.2	268.4	21.8	1 129.1
13.0	74 871.4	541.4	252 379.0
2.6	2 427.1	140.4	15 342.9
4.6	58 972.5	235.9	270 777.8
27.3	817 251.3	416.7	4 139 514.0
395.3	4 229 742.0	11 647.4	15 189 997.4

小额批量支付系统地区间
2021 年

资金流出 \ 资金流入	北京市 借记 笔数	北京市 借记 金额	北京市 贷记 笔数	北京市 贷记 金额	北京市 小计 笔数	北京市 小计 金额
北京市	217.0	930.0	1 930.5	9 075.7	2 147.4	10 005.6
天津市	0.9	2.6	101.9	505.5	102.8	508.2
河北省	3.6	2.9	165.1	891.8	168.6	894.8
山西省	3.8	0.8	40.6	231.0	44.4	231.8
内蒙古自治区	0.6	0.3	42.3	199.4	42.9	199.7
辽宁省	1.7	0.8	59.5	327.3	61.2	328.1
吉林省	0.6	0.3	104.9	116.2	105.6	116.6
黑龙江省	2.1	0.4	226.6	362.1	228.7	362.5
上海市	4.1	2.1	813.9	4 258.0	818.0	4 260.2
江苏省	4.6	1.6	198.8	792.6	203.4	794.2
浙江省	1.5	1.0	527.1	1 280.9	528.6	1 281.9
安徽省	1.0	0.3	90.7	258.3	91.8	258.6
福建省	1.2	0.5	399.0	384.0	400.2	384.5
江西省	6.0	0.6	173.9	233.9	179.9	234.4
山东省	4.5	3.3	588.7	830.0	593.2	833.3
河南省	2.3	0.9	488.1	384.0	490.4	384.9
湖北省	2.8	0.8	131.2	403.4	134.0	404.2
湖南省	4.5	0.8	270.5	331.3	274.9	332.1
广东省（不含深圳）	31.4	1.8	267.3	1 004.3	298.6	1 006.1
广西壮族自治区	0.5	0.2	49.5	226.4	50.0	226.6
海南省	0.7	0.5	39.5	113.3	40.2	113.8
重庆市	2.0	0.6	155.6	250.4	157.6	251.0
四川省	10.8	2.4	431.5	506.7	442.3	509.1
贵州省	2.3	0.4	28.9	104.8	31.2	105.3
云南省	3.1	0.6	35.9	158.7	39.0	159.3
西藏自治区	2.1	0.5	5.1	27.5	7.2	28.1
陕西省	1.3	0.2	99.9	264.7	101.2	265.0
甘肃省	0.4	0.2	19.9	91.5	20.3	91.7
青海省	0.6	0.1	10.0	31.5	10.6	31.6
宁夏回族自治区	1.1	0.1	28.6	58.6	29.7	58.7
新疆维吾尔自治区	2.6	0.4	27.9	185.4	30.5	185.8
深圳市	69.1	2.7	414.8	1 225.6	483.9	1 228.3
合计	390.8	961.0	7 967.9	25 115.0	8 358.6	26 076.0

资金流量流向情况季报表

第二季度
单位：万笔、亿元

天津市						河北省					
借记		贷记		小计		借记		贷记		小计	
笔数	金额	笔数	金额	笔数	金额	笔数	金额	笔数	金额	笔数	金额
0.2	20.2	72.6	588.9	72.8	609.1	3.8	34.1	202.5	1 284.5	206.2	1 318.6
11.4	76.4	461.2	2 484.8	472.5	2 561.2	1.4	3.3	46.9	398.1	48.3	401.4
0.1	1.0	309.5	560.6	309.6	561.6	206.0	105.7	3 210.3	10 289.8	3 416.3	10 395.5
0.0	0.0	6.7	75.2	6.7	75.2	0.2	0.1	24.3	173.2	24.5	173.3
0.0	0.1	6.0	59.0	6.0	59.0	0.2	0.1	15.8	115.7	16.0	115.8
0.0	0.1	11.9	100.7	11.9	100.7	0.2	0.1	21.3	163.9	21.5	164.0
0.0	0.0	3.5	29.2	3.5	29.2	0.1	0.0	6.4	44.4	6.5	44.5
0.0	0.0	3.5	26.9	3.5	26.9	0.2	0.0	7.0	42.6	7.2	42.7
0.0	0.1	88.5	714.3	88.5	714.4	0.1	0.0	161.1	672.6	161.2	672.7
0.0	0.0	27.5	195.8	27.5	195.8	0.2	0.0	49.5	236.7	49.7	236.7
0.0	0.0	35.0	266.3	35.0	266.4	0.1	0.1	59.2	314.6	59.3	314.6
0.0	0.0	4.7	35.4	4.7	35.4	0.1	0.0	11.9	65.9	11.9	66.0
0.0	0.0	7.6	54.6	7.6	54.6	0.0	0.0	23.8	73.3	23.9	73.3
0.0	0.0	3.4	37.3	3.4	37.3	0.0	0.0	8.1	63.3	8.1	63.3
0.0	0.1	28.0	285.7	28.0	285.8	0.5	0.2	63.8	508.5	64.3	508.7
0.0	0.0	8.7	86.3	8.7	86.3	0.1	0.0	25.2	201.5	25.3	201.6
0.0	0.0	6.0	49.6	6.0	49.7	0.1	0.0	12.4	76.0	12.5	76.0
0.0	0.0	4.7	35.0	4.7	35.0	0.0	0.0	9.7	60.0	9.7	60.0
0.0	0.2	18.7	138.0	18.7	138.2	0.2	0.6	35.1	161.9	35.3	162.5
0.0	0.0	2.0	21.5	2.0	21.5	0.0	0.0	6.7	27.4	6.7	27.4
0.0	0.0	1.6	14.2	1.6	14.2	0.0	0.0	4.3	19.3	4.3	19.3
0.0	0.1	7.7	48.4	7.7	48.5	0.0	0.0	8.7	41.5	8.8	41.5
0.0	0.0	6.7	54.7	6.7	54.7	0.1	0.0	14.4	73.3	14.5	73.3
0.0	0.0	1.2	17.6	1.2	17.6	0.0	0.0	3.4	17.8	3.4	17.8
0.0	0.0	2.5	17.4	2.5	17.4	0.0	0.0	4.6	28.2	4.6	28.2
0.0	0.0	0.4	2.8	0.4	2.8	0.0	0.0	1.3	6.0	1.3	6.0
0.0	0.0	5.3	44.9	5.3	44.9	0.1	0.0	13.3	84.7	13.4	84.8
0.0	0.0	2.2	16.3	2.2	16.3	0.0	0.0	5.1	27.3	5.1	27.3
0.0	0.0	0.5	5.0	0.5	5.0	0.0	0.0	1.5	9.2	1.5	9.2
0.0	0.0	1.1	16.3	1.1	16.3	0.0	0.0	2.5	19.3	2.5	19.3
0.0	0.0	3.3	28.2	3.3	28.2	0.1	0.3	8.7	50.5	8.8	50.8
0.0	0.0	18.2	102.6	18.2	102.6	0.0	0.1	32.7	125.4	32.7	125.5
11.7	98.3	1 160.8	6 213.5	1 172.5	6 311.8	214.0	145.1	4 101.4	15 476.4	4 315.4	15 621.5

小额批量支付系统地区间
2021年

资金流出 \ 资金流入	山西省 借记 笔数	山西省 借记 金额	山西省 贷记 笔数	山西省 贷记 金额	山西省 小计 笔数	山西省 小计 金额
北京市	1.9	6.7	140.9	474.5	142.7	481.2
天津市	0.0	0.0	5.9	58.8	5.9	58.8
河北省	0.0	0.0	15.4	179.3	15.4	179.3
山西省	14.6	11.7	1 567.6	5 038.5	1 582.1	5 050.2
内蒙古自治区	0.0	0.0	6.4	42.1	6.4	42.1
辽宁省	0.0	0.0	3.5	22.0	3.5	22.0
吉林省	0.0	0.0	1.2	9.7	1.2	9.7
黑龙江省	0.0	0.0	1.3	5.6	1.3	5.6
上海市	0.0	0.0	94.6	350.8	94.6	350.8
江苏省	0.0	0.0	19.0	67.3	19.0	67.3
浙江省	0.0	0.0	37.0	109.4	37.0	109.4
安徽省	0.0	0.0	3.8	16.9	3.8	16.9
福建省	0.0	0.0	10.9	26.6	10.9	26.6
江西省	0.0	0.0	2.9	28.2	2.9	28.2
山东省	0.0	0.0	16.8	117.9	16.8	117.9
河南省	0.0	0.0	14.5	153.2	14.5	153.2
湖北省	0.0	0.0	4.2	24.9	4.2	24.9
湖南省	0.0	0.0	2.9	17.5	2.9	17.5
广东省（不含深圳）	0.0	0.0	11.4	40.5	11.4	40.5
广西壮族自治区	0.0	0.0	2.5	10.4	2.5	10.4
海南省	0.0	0.0	1.8	8.1	1.8	8.1
重庆市	0.0	0.0	3.7	27.7	3.7	27.7
四川省	0.0	0.0	5.6	28.1	5.6	28.1
贵州省	0.0	0.0	1.2	12.4	1.2	12.4
云南省	0.0	0.0	2.0	11.6	2.0	11.6
西藏自治区	0.0	0.0	0.4	1.5	0.4	1.5
陕西省	0.0	0.0	10.6	90.8	10.6	90.8
甘肃省	0.0	0.0	1.9	17.2	1.9	17.2
青海省	0.0	0.0	0.5	3.2	0.5	3.2
宁夏回族自治区	0.0	0.0	1.0	10.0	1.0	10.0
新疆维吾尔自治区	0.0	0.0	4.3	15.6	4.3	15.6
深圳市	0.0	0.0	17.3	47.2	17.3	47.2
合计	16.5	18.4	2 012.6	7 067.5	2 029.1	7 085.9

资金流量流向情况季报表

第二季度　　　　　　　　　　　　　　　　　　　　　　　　　　　　　　　　　　　单位：万笔、亿元

内蒙古自治区						辽宁省					
借记		贷记		小计		借记		贷记		小计	
笔数	金额	笔数	金额	笔数	金额	笔数	金额	笔数	金额	笔数	金额
0.0	1.3	46.3	270.8	46.3	272.0	0.0	49.9	81.0	531.1	81.1	581.0
0.0	0.0	6.0	47.2	6.0	47.2	0.0	0.1	11.0	100.5	11.0	100.5
0.0	0.0	11.1	123.9	11.1	123.9	0.0	0.0	17.4	173.5	17.4	173.5
0.0	0.0	9.9	69.8	9.9	69.8	0.0	0.0	3.1	22.9	3.1	22.9
0.0	1.7	776.2	3 291.3	776.3	3 293.0	0.0	0.0	11.2	81.0	11.2	81.0
0.0	0.0	9.1	63.7	9.1	63.7	25.9	42.4	1 254.7	4 820.8	1 280.7	4 863.2
0.0	0.0	3.1	19.1	3.1	19.1	0.0	0.0	19.8	138.0	19.8	138.1
0.0	0.0	4.0	27.2	4.0	27.2	0.0	0.1	14.8	111.1	14.8	111.2
0.0	0.0	104.2	251.9	104.2	251.9	0.0	0.0	150.6	868.7	150.6	868.7
0.0	0.0	10.4	41.9	10.4	41.9	0.0	0.1	24.7	150.6	24.7	150.6
0.0	0.0	37.4	67.1	37.4	67.1	0.0	0.0	34.8	193.7	34.8	193.7
0.0	0.0	2.3	14.4	2.3	14.4	0.0	0.0	5.1	24.1	5.1	24.1
0.0	0.0	3.5	15.0	3.5	15.0	0.0	0.0	12.5	47.1	12.5	47.1
0.0	0.0	1.5	17.3	1.5	17.3	0.0	0.0	4.8	66.0	4.8	66.0
0.0	0.0	9.9	73.6	9.9	73.6	0.0	0.1	22.8	188.7	22.8	188.8
0.0	0.0	4.2	34.7	4.2	34.7	0.0	0.0	7.4	50.8	7.4	50.8
0.0	0.0	2.1	13.6	2.1	13.6	0.0	0.0	5.8	30.4	5.8	30.4
0.0	0.0	1.8	12.4	1.8	12.4	0.0	0.0	4.2	26.7	4.2	26.7
0.0	0.0	5.9	30.9	5.9	30.9	0.0	0.1	24.3	112.0	24.3	112.0
0.0	0.0	1.1	5.3	1.1	5.3	0.0	0.0	2.9	21.7	2.9	21.7
0.0	0.0	1.3	5.6	1.3	5.6	0.0	0.0	3.1	14.7	3.1	14.7
0.0	0.0	1.7	12.5	1.7	12.5	0.0	0.0	3.9	22.7	3.9	22.7
0.0	0.0	3.2	18.1	3.2	18.1	0.0	0.0	7.3	34.9	7.3	34.9
0.0	0.0	0.7	3.7	0.7	3.7	0.0	0.0	1.4	11.7	1.4	11.7
0.0	0.0	0.9	7.7	0.9	7.7	0.0	0.0	2.0	17.3	2.0	17.3
0.0	0.0	0.2	1.1	0.2	1.1	0.0	0.0	0.5	1.8	0.5	1.8
0.0	0.0	7.4	71.4	7.4	71.4	0.0	0.0	5.0	31.9	5.0	31.9
0.0	0.0	2.5	16.7	2.5	16.7	0.0	0.0	1.5	8.3	1.5	8.3
0.0	0.0	0.4	3.2	0.4	3.2	0.0	0.0	0.4	2.6	0.4	2.6
0.0	0.0	3.8	52.5	3.8	52.5	0.0	0.0	0.9	8.2	0.9	8.2
0.0	0.0	2.5	12.6	2.5	12.6	0.0	0.0	2.8	14.7	2.8	14.7
0.0	0.0	9.8	24.8	9.8	24.8	0.0	0.0	29.6	103.5	29.6	103.5
0.0	3.0	1 084.6	4 721.0	1 084.7	4 724.0	26.0	92.9	1 771.7	8 031.8	1 797.7	8 124.7

小额批量支付系统地区间
2021 年

资金流出 \ 资金流入	吉林省					
	借记		贷记		小计	
	笔数	金额	笔数	金额	笔数	金额
北京市	0.0	3.8	36.4	200.7	36.4	204.5
天津市	0.0	0.0	4.2	41.8	4.2	41.8
河北省	0.0	0.0	7.2	109.0	7.2	109.0
山西省	0.0	0.0	2.4	45.0	2.4	45.0
内蒙古自治区	0.0	0.0	4.3	37.1	4.3	37.1
辽宁省	0.0	0.1	19.0	113.4	19.0	113.5
吉林省	1.5	0.5	818.9	1 984.9	820.4	1 985.4
黑龙江省	0.0	0.0	9.3	59.5	9.3	59.5
上海市	0.0	0.0	50.8	298.3	50.8	298.3
江苏省	0.0	0.0	12.6	111.4	12.6	111.4
浙江省	0.0	0.0	18.5	203.6	18.5	203.6
安徽省	0.0	0.0	2.8	30.7	2.8	30.7
福建省	0.0	0.0	7.7	22.4	7.7	22.4
江西省	0.0	0.0	2.3	18.8	2.3	18.8
山东省	0.0	0.0	13.3	267.7	13.3	267.7
河南省	0.0	0.0	5.0	69.7	5.0	69.7
湖北省	0.0	0.0	3.1	28.1	3.1	28.1
湖南省	0.0	0.0	2.9	22.5	2.9	22.5
广东省（不含深圳）	0.0	0.0	9.8	51.8	9.8	51.8
广西壮族自治区	0.0	0.0	1.5	7.4	1.5	7.4
海南省	0.0	0.0	2.2	6.6	2.2	6.6
重庆市	0.0	0.0	2.8	33.7	2.8	33.7
四川省	0.0	0.0	4.1	26.6	4.1	26.6
贵州省	0.0	0.0	1.0	10.6	1.0	10.6
云南省	0.0	0.0	1.5	14.0	1.5	14.0
西藏自治区	0.0	0.0	0.2	0.9	0.2	0.9
陕西省	0.0	0.0	2.5	22.2	2.5	22.2
甘肃省	0.0	0.0	1.0	5.8	1.0	5.8
青海省	0.0	0.0	0.3	1.3	0.3	1.3
宁夏回族自治区	0.0	0.0	0.4	5.1	0.4	5.1
新疆维吾尔自治区	0.0	0.0	1.4	8.3	1.4	8.3
深圳市	0.0	0.0	10.1	39.9	10.1	39.9
合计	1.5	4.5	1 059.6	3 898.7	1 061.1	3 903.2

资金流量流向情况季报表

第二季度　　　　　　　　　　　　　　　　　　　　　　　　　　　　　　　　单位：万笔、亿元

黑龙江省						上海市					
借记		贷记		小计		借记		贷记		小计	
笔数	金额	笔数	金额	笔数	金额	笔数	金额	笔数	金额	笔数	金额
0.1	12.9	61.1	260.0	61.2	273.0	267.5	70.4	193.3	1 491.8	460.8	1 562.2
0.0	0.0	5.3	76.8	5.3	76.8	2.3	1.6	32.2	265.4	34.5	267.0
0.0	0.0	7.3	39.6	7.3	39.6	1.2	0.7	36.8	294.4	38.0	295.2
0.0	0.0	2.0	7.1	2.0	7.1	1.5	0.8	16.2	107.2	17.7	108.0
0.0	0.0	6.8	40.6	6.8	40.6	0.3	0.1	9.9	62.7	10.2	62.9
0.0	0.0	15.7	100.9	15.7	100.9	5.9	1.9	33.8	248.3	39.7	250.2
0.0	0.0	8.8	56.0	8.8	56.1	0.9	0.3	14.4	74.1	15.3	74.3
15.0	23.5	829.4	2 718.6	844.4	2 742.1	2.2	0.8	16.9	70.9	19.1	71.7
0.0	0.0	58.7	274.9	58.7	275.0	148.5	541.2	2 676.1	15 177.7	2 824.6	15 718.9
0.0	0.0	13.3	37.3	13.3	37.3	6.2	13.8	357.3	2 123.7	363.5	2 137.5
0.0	0.0	20.8	52.0	20.8	52.0	7.9	6.3	398.7	2 463.6	406.6	2 469.9
0.0	0.0	3.4	8.6	3.4	8.6	1.0	1.3	53.3	271.7	54.3	273.0
0.0	0.0	9.1	17.1	9.1	17.1	6.5	2.4	68.2	365.0	74.7	367.4
0.0	0.0	3.2	13.4	3.2	13.4	1.3	0.8	32.8	166.6	34.1	167.3
0.0	0.0	12.7	70.6	12.7	70.6	7.1	3.1	85.4	615.1	92.6	618.2
0.0	0.0	5.4	22.1	5.4	22.1	2.0	1.0	46.0	256.8	47.9	257.8
0.0	0.0	3.0	14.0	3.0	14.0	2.8	1.3	41.5	272.2	44.4	273.5
0.0	0.0	2.3	8.1	2.3	8.1	1.0	0.7	37.3	221.0	38.4	221.7
0.0	0.0	12.1	34.5	12.1	34.5	8.1	4.4	146.1	941.6	154.2	945.9
0.0	0.0	2.6	6.7	2.6	6.7	0.8	0.4	32.7	93.2	33.6	93.6
0.0	0.0	2.9	9.4	2.9	9.4	0.1	0.1	9.3	62.2	9.4	62.3
0.0	0.0	2.4	9.1	2.4	9.1	5.5	2.1	26.1	183.2	31.6	185.3
0.0	0.0	3.8	14.6	3.8	14.6	4.2	2.4	42.5	270.1	46.6	272.5
0.0	0.0	1.3	5.3	1.3	5.3	0.5	0.2	9.3	63.7	9.9	63.9
0.0	0.0	1.7	7.3	1.7	7.3	4.0	1.3	18.6	97.7	22.6	99.0
0.0	0.0	0.3	0.9	0.3	0.9	0.0	0.0	1.2	9.6	1.2	9.7
0.0	0.0	2.7	11.4	2.7	11.4	0.7	0.7	24.5	185.1	25.2	185.8
0.0	0.0	0.9	3.7	0.9	3.7	0.3	0.2	7.5	50.1	7.8	50.3
0.0	0.0	0.2	1.1	0.2	1.1	0.0	0.0	1.9	14.3	1.9	14.4
0.0	0.0	0.5	2.4	0.5	2.4	0.0	0.0	3.3	22.0	3.3	22.0
0.0	0.0	1.9	6.9	1.9	6.9	0.6	0.4	9.6	71.9	10.2	72.3
0.0	0.0	12.0	69.4	12.0	69.4	14.3	7.7	124.4	663.6	138.7	671.2
15.0	36.6	1 113.7	4 000.4	1 128.7	4 037.0	505.3	668.4	4 607.2	27 276.4	5 112.5	27 944.8

小额批量支付系统地区间
2021年

资金流出 \ 资金流入	江苏省 借记 笔数	江苏省 借记 金额	江苏省 贷记 笔数	江苏省 贷记 金额	江苏省 小计 笔数	江苏省 小计 金额
北京市	0.3	227.1	227.6	1 253.1	227.9	1 480.2
天津市	0.0	0.2	23.3	161.5	23.3	161.7
河北省	0.0	0.1	36.1	234.4	36.1	234.5
山西省	0.0	0.0	12.2	86.0	12.2	86.0
内蒙古自治区	0.0	0.0	8.2	51.3	8.2	51.3
辽宁省	0.0	0.0	24.0	152.5	24.0	152.5
吉林省	0.0	0.0	7.9	48.5	7.9	48.5
黑龙江省	0.0	0.0	7.1	40.8	7.1	40.8
上海市	0.1	3.6	718.7	4 298.4	718.8	4 302.0
江苏省	461.5	972.1	4 449.2	22 865.2	4 910.7	23 837.3
浙江省	0.1	2.1	359.0	1 904.6	359.1	1 906.8
安徽省	0.0	2.3	76.3	448.0	76.3	450.3
福建省	0.0	0.1	48.3	255.8	48.3	255.9
江西省	0.0	0.0	22.4	148.1	22.4	148.1
山东省	0.0	0.2	94.9	721.6	94.9	721.8
河南省	0.0	0.0	33.7	210.1	33.7	210.1
湖北省	0.0	0.0	34.4	190.0	34.4	190.0
湖南省	0.0	0.1	26.8	159.5	26.8	159.6
广东省（不含深圳）	0.1	1.4	106.6	638.8	106.8	640.3
广西壮族自治区	0.0	0.0	13.1	72.0	13.1	72.0
海南省	0.0	0.0	6.4	34.6	6.4	34.6
重庆市	0.0	0.2	20.3	115.8	20.3	116.0
四川省	0.0	0.0	32.5	161.5	32.5	161.5
贵州省	0.0	0.0	15.1	52.2	15.1	52.2
云南省	0.0	0.0	10.0	54.5	10.0	54.5
西藏自治区	0.0	0.0	1.6	8.3	1.6	8.3
陕西省	0.0	0.0	21.6	116.0	21.6	116.0
甘肃省	0.0	0.0	7.0	37.2	7.0	37.2
青海省	0.0	0.0	2.1	14.8	2.1	14.8
宁夏回族自治区	0.0	0.0	2.8	18.6	2.8	18.6
新疆维吾尔自治区	0.0	0.0	11.6	71.7	11.6	71.8
深圳市	0.4	1.8	110.0	468.6	110.4	470.4
合计	462.7	1 211.4	6 570.5	35 093.8	7 033.2	36 305.3

资金流量流向情况季报表

第二季度 单位：万笔、亿元

浙江省						安徽省					
借记		贷记		小计		借记		贷记		小计	
笔数	金额	笔数	金额	笔数	金额	笔数	金额	笔数	金额	笔数	金额
60.0	237.1	181.6	1 179.8	241.6	1 416.9	0.0	24.1	96.6	514.4	96.6	538.5
90.1	86.1	20.6	199.3	110.7	285.4	0.0	0.0	6.1	39.0	6.1	39.0
36.9	21.7	39.9	316.6	76.9	338.3	0.0	0.0	13.6	68.2	13.6	68.2
46.9	18.1	12.5	89.6	59.3	107.7	0.0	0.0	3.7	25.2	3.7	25.2
43.7	19.5	8.3	57.5	52.0	77.0	0.0	0.0	2.9	16.3	2.9	16.3
71.7	25.1	22.3	147.9	94.0	172.9	0.0	0.0	6.1	30.9	6.1	30.9
37.2	13.7	8.3	48.8	45.5	62.5	0.0	0.0	3.1	17.1	3.1	17.1
69.0	26.2	6.8	35.5	75.8	61.7	0.0	0.0	2.8	13.5	2.8	13.5
14.1	19.6	619.6	6 667.4	633.7	6 687.0	0.0	0.2	538.8	1 007.8	538.8	1 008.0
106.1	56.4	239.1	1 276.5	345.2	1 332.9	0.0	0.4	101.0	585.8	101.0	586.1
1 925.7	2 369.4	6 074.1	28 158.0	7 999.8	30 527.4	0.0	0.2	96.1	463.3	96.2	463.5
55.2	24.9	53.8	273.1	109.0	298.1	0.7	12.4	1 546.1	5 308.2	1 546.7	5 320.6
28.6	15.9	71.8	370.2	100.4	386.1	0.0	0.0	22.2	70.8	22.2	70.8
43.3	19.1	37.9	256.4	81.2	275.5	0.0	0.0	10.2	64.6	10.2	64.6
160.1	59.0	76.4	521.2	236.5	580.2	0.0	0.2	22.7	147.0	22.7	147.2
95.1	37.0	31.7	187.9	126.9	224.9	0.0	0.0	15.1	95.7	15.1	95.7
62.2	26.6	32.6	197.6	94.8	224.2	0.0	0.0	12.3	70.5	12.3	70.5
73.9	26.8	29.6	159.0	103.5	185.8	0.0	0.0	9.1	48.5	9.1	48.5
66.7	42.8	134.2	798.0	200.9	840.8	0.0	0.4	39.2	186.6	39.2	186.9
24.0	10.2	15.2	76.1	39.3	86.3	0.0	0.0	5.3	22.6	5.3	22.6
6.5	3.1	9.7	40.3	16.2	43.4	0.0	0.0	2.6	13.1	2.6	13.1
28.2	10.4	22.1	119.0	50.2	129.3	0.0	0.0	6.0	29.8	6.0	29.8
75.3	27.9	35.0	182.5	110.3	210.4	0.0	0.0	10.2	50.6	10.2	50.6
11.4	6.0	12.7	72.6	24.0	78.6	0.0	0.0	2.7	16.4	2.7	16.4
20.2	9.5	12.8	87.7	33.0	97.1	0.0	0.0	3.3	19.9	3.3	19.9
0.2	0.1	1.2	7.2	1.3	7.3	0.0	0.0	0.6	3.1	0.6	3.1
41.4	20.1	19.4	114.5	60.8	134.6	0.0	0.0	5.8	33.0	5.8	33.0
16.3	7.5	6.9	38.3	23.3	45.8	0.0	0.0	2.2	12.4	2.2	12.4
1.9	0.9	2.2	15.9	4.1	16.8	0.0	0.0	0.7	3.8	0.7	3.8
6.3	2.3	2.9	17.8	9.3	20.1	0.0	0.0	1.1	6.5	1.1	6.5
17.5	7.9	11.8	73.3	29.3	81.2	0.0	0.0	3.7	21.2	3.7	21.2
30.4	32.3	95.3	481.4	125.7	513.7	0.0	0.0	32.9	111.7	32.9	111.7
3 366.1	3 283.2	7 948.4	42 266.9	11 314.6	45 550.1	0.8	37.9	2 624.7	9 117.5	2 625.4	9 155.4

小额批量支付系统地区间
2021 年

资金流入 资金流出	福建省					
	借记		贷记		小计	
	笔数	金额	笔数	金额	笔数	金额
北京市	0.0	56.2	90.1	521.8	90.1	578.0
天津市	0.0	0.0	7.7	99.4	7.7	99.4
河北省	0.0	0.0	8.5	79.2	8.5	79.2
山西省	0.0	0.0	3.9	34.5	3.9	34.5
内蒙古自治区	0.0	0.0	2.8	20.2	2.8	20.2
辽宁省	0.0	0.0	10.0	55.8	10.0	55.8
吉林省	0.0	0.0	2.7	15.3	2.7	15.3
黑龙江省	0.0	0.0	3.9	18.3	3.9	18.3
上海市	0.0	0.0	293.2	1 000.6	293.2	1 000.6
江苏省	0.0	0.0	39.6	221.1	39.6	221.1
浙江省	0.0	0.1	71.8	544.3	71.8	544.4
安徽省	0.0	0.0	8.8	48.0	8.8	48.0
福建省	28.7	80.7	1 959.8	8 512.0	1 988.5	8 592.7
江西省	0.0	0.0	16.9	127.2	16.9	127.2
山东省	0.0	0.0	18.0	231.3	18.0	231.3
河南省	0.0	0.0	11.8	73.0	11.8	73.0
湖北省	0.0	0.0	10.8	72.3	10.8	72.3
湖南省	0.0	0.0	11.0	65.6	11.0	65.6
广东省（不含深圳）	0.0	0.5	66.5	461.1	66.5	461.5
广西壮族自治区	0.0	0.0	9.2	91.5	9.2	91.5
海南省	0.0	0.0	4.2	22.5	4.2	22.5
重庆市	0.0	0.0	9.0	53.5	9.0	53.6
四川省	0.0	0.0	13.3	82.2	13.3	82.2
贵州省	0.0	0.0	5.0	37.3	5.0	37.3
云南省	0.0	0.0	6.2	55.6	6.2	55.6
西藏自治区	0.0	0.0	0.5	3.7	0.5	3.7
陕西省	0.0	0.0	5.7	39.9	5.7	39.9
甘肃省	0.0	0.0	2.1	20.4	2.1	20.4
青海省	0.0	0.0	0.6	4.6	0.6	4.6
宁夏回族自治区	0.0	0.0	3.6	7.5	3.6	7.5
新疆维吾尔自治区	0.0	0.0	3.4	26.7	3.4	26.7
深圳市	0.0	0.0	53.7	222.0	53.7	222.0
合计	28.8	137.6	2 754.3	12 868.2	2 783.0	13 005.8

资金流量流向情况季报表

第二季度　　　　　　　　　　　　　　　　　　　　　　　　　　　　　　　　　　　　单位：万笔、亿元

江西省						山东省					
借记		贷记		小计		借记		贷记		小计	
笔数	金额	笔数	金额	笔数	金额	笔数	金额	笔数	金额	笔数	金额
0.0	33.1	66.0	457.5	66.0	490.7	0.0	129.2	304.9	1 590.4	305.0	1 719.6
0.5	3.2	3.6	27.8	4.1	31.0	0.0	0.4	27.4	238.0	27.4	238.4
0.0	1.9	5.8	71.8	5.9	73.7	0.0	0.1	61.6	572.0	61.6	572.2
0.3	1.0	2.4	32.3	2.7	33.3	0.0	0.0	16.5	147.4	16.5	147.4
0.0	0.1	1.5	14.1	1.6	14.1	0.0	0.0	11.3	89.9	11.3	89.9
0.0	0.2	3.4	32.5	3.5	32.7	0.0	0.0	26.0	200.9	26.0	200.9
0.0	0.0	1.8	17.5	1.8	17.5	0.0	0.0	9.3	58.2	9.3	58.2
0.0	0.6	1.6	10.7	1.6	11.2	0.0	0.0	10.2	62.4	10.2	62.4
0.0	0.1	87.2	453.7	87.2	453.8	0.0	0.3	437.3	1 941.0	437.3	1 941.3
0.3	2.5	27.2	152.6	27.4	155.0	0.0	0.2	116.6	727.8	116.6	728.0
0.1	0.4	58.7	393.6	58.8	394.0	0.0	0.5	115.6	736.5	115.6	737.0
0.5	7.3	7.7	52.4	8.2	59.7	0.0	0.0	23.4	152.2	23.4	152.2
0.1	1.5	27.8	140.2	27.8	141.7	0.0	0.0	34.2	179.0	34.2	179.0
0.1	1.1	1 418.8	4 877.7	1 419.0	4 878.8	0.0	0.0	12.5	95.8	12.5	95.9
3.6	1.2	8.8	74.7	12.4	75.9	32.6	742.7	4 440.8	19 423.9	4 473.4	20 166.6
0.0	1.3	5.5	37.6	5.5	38.9	0.0	0.0	35.5	322.6	35.5	322.7
0.0	0.2	11.6	81.1	11.6	81.3	0.0	1.1	19.3	134.3	19.3	135.3
0.4	4.7	16.8	121.8	17.2	126.5	0.0	0.0	14.8	98.4	14.8	98.4
0.0	0.5	54.9	360.3	55.0	360.7	0.1	0.9	56.8	357.5	56.8	358.4
0.0	0.0	5.1	33.7	5.1	33.7	0.0	0.0	11.0	57.8	11.0	57.8
0.0	0.0	2.7	12.8	2.7	12.8	0.0	0.0	5.4	32.6	5.4	32.6
0.0	0.0	4.8	33.1	4.8	33.1	0.0	0.0	15.4	95.0	15.4	95.0
0.0	0.0	7.3	49.0	7.3	49.0	0.0	0.0	21.9	131.7	21.9	131.7
0.0	0.0	3.6	25.9	3.6	25.9	0.0	0.0	4.8	32.8	4.8	32.8
0.0	0.0	3.9	31.9	3.9	31.9	0.0	0.0	6.3	44.6	6.3	44.6
0.0	0.0	0.5	3.5	0.5	3.5	0.0	0.0	1.2	9.6	1.2	9.6
0.0	0.0	3.8	33.4	3.8	33.4	0.0	0.0	17.7	124.3	17.7	124.3
0.0	0.1	1.4	8.3	1.4	8.3	0.0	0.0	8.8	40.0	8.8	40.0
0.0	0.0	0.5	3.7	0.5	3.7	0.0	0.0	2.0	14.6	2.0	14.6
0.0	0.0	0.5	4.3	0.5	4.3	0.0	0.0	3.0	25.3	3.0	25.3
0.0	0.2	2.1	16.2	2.1	16.4	0.0	0.0	11.5	94.9	11.5	95.0
0.0	0.2	38.2	177.0	38.2	177.2	0.0	0.1	64.6	364.0	64.6	364.1
6.3	61.3	1 885.3	7 842.7	1 891.7	7 904.0	32.8	875.6	5 947.6	28 195.6	5 980.4	29 071.2

小额批量支付系统地区间
2021年

资金流出 \ 资金流入	河南省 借记 笔数	河南省 借记 金额	河南省 贷记 笔数	河南省 贷记 金额	河南省 小计 笔数	河南省 小计 金额
北京市	0.0	29.5	421.9	961.9	421.9	991.4
天津市	0.0	0.0	11.2	129.8	11.2	129.8
河北省	0.0	0.0	26.7	253.3	26.7	253.3
山西省	0.0	0.0	18.6	164.2	18.6	164.2
内蒙古自治区	0.0	0.0	6.0	40.3	6.0	40.3
辽宁省	0.0	0.0	8.5	58.2	8.5	58.2
吉林省	0.0	0.0	3.8	27.3	3.8	27.3
黑龙江省	0.0	0.0	3.6	21.3	3.6	21.3
上海市	0.0	0.0	417.3	1 142.9	417.3	1 142.9
江苏省	0.0	0.0	65.0	281.0	65.0	281.0
浙江省	0.0	0.0	91.9	327.7	91.9	327.7
安徽省	0.0	0.0	19.0	91.6	19.0	91.6
福建省	0.0	0.0	27.0	93.7	27.0	93.7
江西省	0.0	0.0	9.3	53.6	9.3	53.6
山东省	0.0	0.0	38.4	327.1	38.4	327.1
河南省	0.2	1.0	3 123.9	8 472.5	3 124.2	8 473.5
湖北省	0.0	0.0	23.7	143.4	23.7	143.4
湖南省	0.0	0.0	12.4	78.1	12.4	78.1
广东省（不含深圳）	0.0	0.0	51.1	223.0	51.1	223.0
广西壮族自治区	0.0	0.0	10.1	45.6	10.1	45.6
海南省	0.0	0.0	3.9	16.3	3.9	16.3
重庆市	0.0	0.0	9.4	49.6	9.4	49.6
四川省	0.0	0.0	15.7	101.7	15.7	101.7
贵州省	0.0	0.0	3.9	28.0	3.9	28.0
云南省	0.0	0.0	5.6	30.2	5.6	30.2
西藏自治区	0.0	0.0	1.4	7.3	1.4	7.3
陕西省	0.0	0.0	16.9	112.1	16.9	112.1
甘肃省	0.0	0.0	4.6	26.3	4.6	26.3
青海省	0.0	0.0	2.0	9.3	2.0	9.3
宁夏回族自治区	0.0	0.0	1.7	12.0	1.7	12.0
新疆维吾尔自治区	0.0	0.0	10.7	49.4	10.7	49.4
深圳市	0.0	0.0	45.9	171.9	45.9	171.9
合计	0.2	30.7	4 511.0	13 550.3	4 511.2	13 581.0

资金流量流向情况季报表

第二季度 单位：万笔、亿元

湖北省						湖南省					
借记		贷记		小计		借记		贷记		小计	
笔数	金额	笔数	金额	笔数	金额	笔数	金额	笔数	金额	笔数	金额
0.1	9.4	84.9	544.7	85.0	554.0	0.8	14.5	91.8	500.7	92.6	515.3
0.0	0.0	6.1	36.5	6.1	36.6	0.0	0.0	4.0	21.2	4.0	21.2
0.0	0.0	11.2	73.6	11.2	73.6	0.0	0.0	6.8	38.6	6.8	38.6
0.0	0.0	4.1	30.2	4.1	30.2	0.0	0.0	2.6	16.0	2.6	16.0
0.0	0.0	3.1	19.6	3.1	19.6	0.0	0.0	1.7	10.9	1.7	10.9
0.0	0.1	5.6	32.0	5.6	32.1	0.0	0.0	4.0	21.3	4.0	21.3
0.0	0.0	2.3	18.9	2.3	18.9	0.0	0.0	1.6	10.0	1.6	10.0
0.0	0.0	2.2	11.1	2.2	11.1	0.0	0.0	1.6	5.7	1.6	5.7
0.0	0.2	187.2	1 049.7	187.2	1 049.9	0.0	0.0	131.4	506.8	131.5	506.9
0.0	0.0	50.9	176.4	50.9	176.4	0.0	0.0	32.7	101.3	32.7	101.3
0.0	0.0	82.5	248.5	82.5	248.5	0.0	0.0	50.3	156.5	50.3	156.5
0.0	0.0	10.9	60.7	10.9	60.7	0.0	0.0	6.3	26.1	6.3	26.1
0.0	0.0	19.9	66.7	19.9	66.7	0.0	0.0	19.1	48.8	19.1	48.8
0.0	0.0	13.1	88.7	13.1	88.7	0.0	0.0	15.3	97.3	15.3	97.3
0.0	0.0	16.6	128.6	16.6	128.6	0.0	0.0	10.5	58.3	10.5	58.3
0.0	0.1	15.9	142.9	15.9	143.0	0.0	0.0	7.2	37.3	7.2	37.3
30.2	362.1	1 608.0	6 473.5	1 638.2	6 835.6	0.0	0.0	18.7	99.7	18.7	99.7
0.0	0.0	25.3	146.1	25.3	146.1	0.6	7.2	2 217.4	6 255.3	2 217.9	6 262.5
0.0	0.1	53.0	258.9	53.0	259.0	0.1	0.9	84.7	347.4	84.8	348.3
0.0	0.0	21.6	37.1	21.6	37.1	0.0	0.0	11.0	55.5	11.0	55.5
0.0	0.0	3.7	13.0	3.7	13.0	0.0	0.0	4.2	17.8	4.2	17.8
0.0	0.0	10.8	65.0	10.8	65.0	0.0	0.0	7.8	38.2	7.8	38.2
0.0	0.0	14.5	72.2	14.5	72.2	0.0	0.0	11.3	48.6	11.3	48.6
0.0	0.0	4.3	25.6	4.3	25.6	0.0	0.0	8.0	47.8	8.0	47.8
0.0	0.0	5.0	31.7	5.0	31.7	0.0	0.0	6.7	38.3	6.7	38.3
0.0	0.0	0.8	4.3	0.8	4.3	0.0	0.0	0.8	3.7	0.8	3.7
0.0	0.0	9.1	55.7	9.1	55.7	0.0	0.0	5.2	23.0	5.2	23.0
0.0	0.0	2.7	16.7	2.7	16.7	0.0	0.0	1.9	9.6	1.9	9.6
0.0	0.0	0.9	5.7	0.9	5.7	0.0	0.0	0.7	2.9	0.7	2.9
0.0	0.0	1.0	8.7	1.0	8.7	0.0	0.0	0.8	3.9	0.8	3.9
0.0	0.0	4.6	25.7	4.6	25.7	0.0	0.0	3.8	19.0	3.8	19.0
0.0	0.0	50.3	165.0	50.3	165.0	0.0	0.1	57.3	161.7	57.3	161.8
30.4	372.2	2 332.3	10 133.8	2 362.7	10 506.0	1.4	22.9	2 827.4	8 829.2	2 828.8	8 852.0

小额批量支付系统地区间
2021 年

资金流出 \ 资金流入	广东省					
	借记		贷记		小计	
	笔数	金额	笔数	金额	笔数	金额
北京市	0.0	299.1	185.4	775.5	185.5	1 074.6
天津市	0.0	0.2	19.6	127.7	19.6	127.9
河北省	0.0	0.5	24.5	139.9	24.6	140.4
山西省	0.0	0.0	8.9	57.0	8.9	57.0
内蒙古自治区	0.0	0.0	5.8	30.7	5.8	30.7
辽宁省	0.0	0.2	18.9	108.5	19.0	108.6
吉林省	0.0	0.0	6.9	36.9	6.9	36.9
黑龙江省	0.0	0.0	8.2	33.9	8.2	33.9
上海市	0.0	0.6	553.9	2 297.4	554.0	2 298.0
江苏省	0.1	0.9	129.2	633.6	129.3	634.5
浙江省	0.1	1.0	185.5	778.6	185.7	779.6
安徽省	0.0	0.2	26.2	125.1	26.3	125.3
福建省	0.0	0.5	96.4	395.7	96.5	396.2
江西省	0.0	0.4	46.6	264.3	46.7	264.7
山东省	0.1	0.8	46.8	281.2	47.0	282.0
河南省	0.0	0.1	27.1	151.4	27.1	151.5
湖北省	0.0	0.1	40.6	228.5	40.6	228.7
湖南省	0.0	0.6	59.8	356.8	59.9	357.4
广东省（不含深圳）	46.9	707.1	5 086.6	23 726.2	5 133.5	24 433.3
广西壮族自治区	0.1	0.7	49.0	272.7	49.1	273.4
海南省	0.0	0.1	17.6	97.0	17.6	97.1
重庆市	0.0	0.2	26.4	144.2	26.4	144.4
四川省	0.3	0.6	41.3	178.0	41.6	178.5
贵州省	0.0	0.1	12.1	72.0	12.1	72.1
云南省	0.0	0.0	14.7	91.9	14.7	92.0
西藏自治区	0.0	0.0	1.3	8.0	1.3	8.0
陕西省	0.0	0.0	17.7	87.4	17.7	87.4
甘肃省	0.0	0.1	5.6	28.4	5.6	28.5
青海省	0.0	0.0	1.6	7.6	1.6	7.6
宁夏回族自治区	0.0	0.0	2.0	11.0	2.0	11.0
新疆维吾尔自治区	0.0	0.2	7.8	40.3	7.9	40.5
深圳市	2.2	25.4	572.4	2 064.0	574.6	2 089.4
合计	50.3	1 039.7	7 346.6	33 651.5	7 396.9	34 691.2

资金流量流向情况季报表

第二季度 单位：万笔、亿元

广西壮族自治区						海南省					
借记		贷记		小计		借记		贷记		小计	
笔数	金额	笔数	金额	笔数	金额	笔数	金额	笔数	金额	笔数	金额
0.2	11.9	51.0	149.8	51.2	161.7	0.0	3.2	15.1	83.3	15.1	86.5
0.0	0.0	2.5	14.5	2.5	14.5	0.0	0.0	1.5	13.4	1.5	13.4
0.0	0.0	3.4	25.4	3.4	25.4	0.0	0.0	2.2	25.4	2.2	25.4
0.0	0.0	1.1	7.9	1.1	7.9	0.0	0.0	0.8	10.3	0.8	10.3
0.0	0.0	0.8	4.2	0.8	4.2	0.0	0.0	0.7	9.7	0.7	9.7
0.0	0.0	2.1	19.8	2.1	19.8	0.0	0.0	1.7	14.9	1.7	14.9
0.0	0.0	0.8	4.8	0.8	4.8	0.0	0.0	0.8	7.7	0.8	7.7
0.0	0.0	1.0	5.2	1.0	5.2	0.0	0.0	1.0	8.8	1.0	8.8
0.0	0.0	138.0	338.6	138.0	338.6	0.0	0.0	45.9	186.5	45.9	186.5
0.0	0.0	15.3	59.0	15.3	59.0	0.0	0.0	5.7	51.2	5.7	51.2
0.0	0.0	24.8	115.0	24.8	115.0	0.0	0.0	8.0	52.9	8.0	52.9
0.0	0.0	2.9	16.2	2.9	16.2	0.0	0.0	1.1	7.2	1.1	7.2
0.0	0.0	15.4	65.3	15.4	65.3	0.0	0.0	4.0	24.7	4.0	24.7
0.0	0.0	5.3	35.3	5.3	35.3	0.0	0.0	1.4	13.4	1.4	13.4
0.0	0.0	6.5	51.6	6.5	51.6	0.0	0.0	3.2	39.5	3.2	39.5
0.0	0.0	3.2	27.0	3.2	27.0	0.0	0.0	2.0	17.1	2.0	17.1
0.0	0.0	5.1	29.1	5.1	29.1	0.0	0.0	2.9	16.4	2.9	16.4
0.0	0.0	9.3	64.4	9.3	64.4	0.0	0.0	2.6	18.0	2.6	18.0
0.0	0.6	65.5	418.0	65.6	418.6	0.0	0.0	24.3	113.4	24.3	113.4
150.0	107.1	1 620.1	4 215.6	1 770.1	4 322.7	0.0	0.0	2.2	16.0	2.2	16.0
0.0	0.0	3.0	16.4	3.0	16.4	4.4	8.9	543.2	956.2	547.6	965.1
0.0	0.0	5.2	35.3	5.2	35.3	0.0	0.0	1.6	13.0	1.6	13.0
0.0	0.0	7.6	40.1	7.6	40.1	0.0	0.0	2.8	18.5	2.8	18.5
0.0	0.0	4.4	41.3	4.4	41.3	0.0	0.0	0.9	5.3	0.9	5.3
0.0	0.0	5.7	59.7	5.7	59.7	0.0	0.0	0.9	6.0	0.9	6.0
0.0	0.0	0.3	1.7	0.3	1.7	0.0	0.0	0.1	0.9	0.1	0.9
0.0	0.0	2.2	14.7	2.2	14.7	0.0	0.0	1.5	10.4	1.5	10.4
0.0	0.0	0.7	4.6	0.7	4.6	0.0	0.0	0.6	3.2	0.6	3.2
0.0	0.0	0.2	1.3	0.2	1.3	0.0	0.0	0.2	1.0	0.2	1.0
0.0	0.0	0.3	1.7	0.3	1.7	0.0	0.0	0.2	2.6	0.2	2.6
0.0	0.0	1.3	6.4	1.3	6.4	0.0	0.0	0.7	7.5	0.7	7.5
0.0	0.0	41.5	207.0	41.5	207.0	0.0	0.0	13.0	41.5	13.0	41.5
150.2	119.7	2 046.5	6 096.7	2 196.7	6 216.4	4.4	12.2	692.8	1 795.7	697.2	1 807.9

小额批量支付系统地区间
2021年

资金流入 资金流出	重庆市					
	借记		贷记		小计	
	笔数	金额	笔数	金额	笔数	金额
北京市	0.0	26.5	51.9	333.1	51.9	359.6
天津市	0.0	0.0	5.0	40.8	5.0	40.8
河北省	0.0	0.0	5.6	38.5	5.6	38.5
山西省	0.0	0.0	3.0	26.2	3.0	26.2
内蒙古自治区	0.0	0.0	1.9	16.8	1.9	16.8
辽宁省	0.0	0.0	4.1	26.8	4.1	26.8
吉林省	0.0	0.0	1.4	9.7	1.4	9.7
黑龙江省	0.0	0.1	1.5	8.2	1.5	8.3
上海市	0.0	0.0	184.4	502.6	184.4	502.6
江苏省	0.0	0.1	18.9	86.3	18.9	86.4
浙江省	0.0	0.0	46.2	122.6	46.2	122.6
安徽省	0.0	0.1	4.4	24.5	4.4	24.5
福建省	0.0	0.0	11.0	53.4	11.0	53.4
江西省	0.0	0.0	4.0	29.0	4.0	29.0
山东省	0.0	0.1	9.7	65.9	9.7	65.9
河南省	0.0	0.0	5.3	37.0	5.3	37.0
湖北省	0.0	0.0	9.9	59.2	9.9	59.3
湖南省	0.0	0.1	6.9	41.6	6.9	41.6
广东省（不含深圳）	0.0	0.2	23.2	138.7	23.2	138.9
广西壮族自治区	0.0	0.0	4.0	24.3	4.0	24.3
海南省	0.0	0.0	2.5	9.4	2.5	9.4
重庆市	2.8	82.9	1 257.8	4 853.1	1 260.7	4 936.0
四川省	0.0	0.0	49.8	284.5	49.8	284.6
贵州省	0.0	0.0	11.8	79.7	11.8	79.7
云南省	0.0	0.1	6.8	46.4	6.8	46.5
西藏自治区	0.0	0.0	1.7	7.7	1.7	7.7
陕西省	0.0	0.0	5.9	40.6	5.9	40.6
甘肃省	0.0	0.0	2.3	13.8	2.3	13.8
青海省	0.0	0.0	0.7	5.4	0.7	5.4
宁夏回族自治区	0.0	0.0	0.8	6.0	0.8	6.0
新疆维吾尔自治区	0.0	0.0	5.2	32.5	5.2	32.5
深圳市	0.0	0.0	27.2	106.2	27.2	106.3
合计	2.9	110.2	1 774.8	7 170.3	1 777.7	7 280.5

资金流量流向情况季报表

第二季度　　　单位：万笔、亿元

四川省						贵州省					
借记		贷记		小计		借记		贷记		小计	
笔数	金额	笔数	金额	笔数	金额	笔数	金额	笔数	金额	笔数	金额
0.0	2.4	120.7	707.0	120.8	709.4	0.0	6.3	43.8	216.3	43.8	222.6
0.0	0.0	7.1	39.5	7.1	39.6	0.0	0.0	1.9	11.1	1.9	11.1
0.0	0.0	9.4	52.2	9.4	52.2	0.0	0.0	2.3	14.1	2.3	14.1
0.0	0.0	4.7	24.1	4.7	24.1	0.0	0.0	1.0	9.0	1.0	9.0
0.0	0.0	3.0	18.2	3.0	18.2	0.0	0.0	0.7	3.4	0.7	3.4
0.0	0.0	9.1	58.8	9.1	58.8	0.0	0.0	1.5	8.5	1.5	8.5
0.0	0.0	2.9	19.5	2.9	19.5	0.0	0.0	0.7	5.7	0.7	5.7
0.0	0.0	2.2	12.1	2.2	12.1	0.0	0.0	0.6	3.2	0.6	3.2
0.0	0.0	245.2	1 205.8	245.2	1 205.9	0.0	0.0	122.4	275.6	122.4	275.6
0.0	0.0	37.5	126.9	37.5	126.9	0.0	0.0	15.0	36.2	15.0	36.2
0.0	0.0	88.6	326.1	88.6	326.1	0.0	0.0	24.0	78.4	24.0	78.4
0.0	0.0	7.4	29.4	7.4	29.4	0.0	0.0	2.7	12.2	2.7	12.2
0.0	0.0	21.0	65.4	21.0	65.4	0.0	0.0	11.8	33.0	11.8	33.0
0.0	0.0	7.0	44.8	7.0	44.8	0.0	0.0	3.7	25.9	3.7	25.9
0.0	0.0	16.0	101.8	16.0	101.8	0.0	0.0	4.4	26.9	4.4	26.9
0.0	0.0	9.2	58.4	9.2	58.4	0.0	0.0	2.8	19.0	2.8	19.0
0.0	0.0	13.2	69.9	13.2	69.9	0.0	0.0	4.1	21.8	4.1	21.8
0.0	0.0	10.0	52.1	10.0	52.1	0.0	0.0	9.0	50.2	9.0	50.2
0.0	0.1	44.6	162.4	44.7	162.4	0.0	0.0	21.0	180.1	21.0	180.1
0.0	0.0	6.6	31.5	6.6	31.5	0.0	0.0	4.7	30.2	4.7	30.2
0.0	0.0	5.3	16.8	5.3	16.8	0.0	0.0	1.6	5.0	1.6	5.0
0.0	0.1	56.4	429.6	56.4	429.8	0.0	0.0	13.0	73.9	13.0	73.9
7.3	32.9	3 620.8	8 360.8	3 628.1	8 393.8	0.0	0.0	15.2	69.1	15.2	69.1
0.0	0.0	12.8	83.2	12.8	83.2	0.1	1.9	667.3	2 798.3	667.3	2 800.2
0.0	0.1	17.0	120.0	17.0	120.1	0.0	0.0	7.9	53.1	7.9	53.1
0.0	0.0	10.1	53.5	10.1	53.5	0.0	0.0	0.4	1.8	0.4	1.8
0.0	0.0	13.1	79.5	13.1	79.5	0.0	0.0	2.9	13.5	2.9	13.5
0.0	0.0	5.5	29.9	5.5	29.9	0.0	0.0	0.6	4.0	0.6	4.0
0.0	0.0	2.6	16.6	2.6	16.6	0.0	0.0	0.2	1.0	0.2	1.0
0.0	0.0	1.3	7.3	1.3	7.3	0.0	0.0	0.4	2.1	0.4	2.1
0.0	0.0	14.7	51.6	14.7	51.6	0.0	0.0	1.0	4.4	1.0	4.4
0.0	0.0	58.7	182.6	58.8	182.6	0.0	0.0	25.0	53.1	25.0	53.1
7.3	35.8	4 484.1	12 637.2	4 491.4	12 673.0	0.1	8.3	1 013.6	4 139.9	1 013.6	4 148.2

小额批量支付系统地区间
2021年

资金流出 \ 资金流入	云南省					
	借记		贷记		小计	
	笔数	金额	笔数	金额	笔数	金额
北京市	42.6	24.9	64.1	151.0	106.8	176.0
天津市	0.0	0.0	2.3	11.8	2.3	11.8
河北省	0.0	0.0	2.7	16.2	2.7	16.2
山西省	0.0	0.0	1.1	7.3	1.1	7.3
内蒙古自治区	0.0	0.0	0.6	3.8	0.6	3.8
辽宁省	0.0	0.0	1.7	12.9	1.7	12.9
吉林省	0.0	0.0	0.7	4.7	0.7	4.7
黑龙江省	0.0	0.0	0.7	4.1	0.7	4.1
上海市	1.1	0.3	86.4	264.5	87.6	264.8
江苏省	0.1	0.0	15.9	33.1	15.9	33.1
浙江省	0.2	0.0	30.8	68.0	31.0	68.0
安徽省	0.0	0.0	2.5	9.9	2.6	9.9
福建省	0.1	0.0	8.8	33.1	8.9	33.2
江西省	0.0	0.0	4.6	27.0	4.6	27.0
山东省	0.0	0.0	4.7	31.6	4.7	31.6
河南省	0.0	0.0	2.9	15.4	3.0	15.4
湖北省	0.0	0.0	5.9	28.8	5.9	28.8
湖南省	0.0	0.0	5.2	28.5	5.2	28.5
广东省（不含深圳）	0.1	0.0	19.4	75.5	19.6	75.6
广西壮族自治区	0.0	0.0	4.8	28.3	4.8	28.3
海南省	0.0	0.0	1.7	5.0	1.7	5.0
重庆市	0.0	0.0	8.4	43.9	8.4	43.9
四川省	0.1	0.0	19.2	92.9	19.2	93.0
贵州省	0.0	0.0	7.2	50.1	7.2	50.1
云南省	100.9	34.2	1 229.7	4 528.9	1 330.7	4 563.1
西藏自治区	0.0	0.0	1.0	3.6	1.0	3.6
陕西省	0.0	0.0	2.5	14.4	2.5	14.4
甘肃省	0.0	0.0	0.8	4.3	0.8	4.3
青海省	0.0	0.0	0.3	1.4	0.3	1.4
宁夏回族自治区	0.0	0.0	0.3	1.1	0.3	1.1
新疆维吾尔自治区	0.0	0.0	1.3	4.1	1.3	4.1
深圳市	0.4	0.3	27.7	54.9	28.1	55.2
合计	145.8	59.9	1 566.1	5 660.1	1 711.9	5 720.0

资金流量流向情况季报表

第二季度
单位：万笔、亿元

西藏自治区						陕西省					
借记		贷记		小计		借记		贷记		小计	
笔数	金额	笔数	金额	笔数	金额	笔数	金额	笔数	金额	笔数	金额
0.0	0.0	3.0	18.7	3.0	18.7	0.1	11.2	89.3	432.7	89.5	443.8
0.0	0.0	0.2	1.5	0.2	1.5	0.0	0.0	4.7	30.6	4.7	30.6
0.0	0.0	0.6	3.4	0.6	3.4	0.0	0.0	8.0	76.0	8.0	76.0
0.0	0.0	0.2	1.7	0.2	1.7	0.0	0.0	11.6	153.3	11.6	153.3
0.0	0.0	0.1	0.8	0.1	0.8	0.0	0.0	6.9	66.5	6.9	66.5
0.0	0.0	0.3	2.2	0.3	2.2	0.0	0.0	4.3	27.6	4.3	27.6
0.0	0.0	0.2	1.0	0.2	1.0	0.0	0.0	1.6	9.2	1.6	9.2
0.0	0.0	0.2	0.9	0.2	0.9	0.0	0.0	1.6	6.7	1.6	6.7
0.0	0.0	4.2	17.8	4.2	17.8	0.0	0.0	170.5	670.5	170.5	670.5
0.0	0.0	1.5	8.1	1.5	8.1	0.0	0.0	22.8	113.9	22.8	113.9
0.0	0.0	0.9	6.6	0.9	6.6	0.0	0.1	28.1	101.9	28.1	102.0
0.0	0.0	0.3	1.5	0.3	1.5	0.0	0.0	4.4	20.8	4.4	20.8
0.0	0.0	0.4	1.9	0.4	1.9	0.0	0.0	7.6	31.1	7.6	31.1
0.0	0.0	0.2	1.5	0.2	1.5	0.0	0.0	3.3	22.7	3.3	22.7
0.0	0.0	0.7	5.0	0.7	5.0	0.0	0.0	12.5	98.1	12.5	98.2
0.0	0.0	0.5	3.2	0.5	3.2	0.0	0.0	10.4	91.9	10.4	91.9
0.0	0.0	0.4	3.6	0.4	3.6	0.0	0.0	7.2	45.0	7.2	45.0
0.0	0.0	0.5	3.6	0.5	3.6	0.0	0.0	4.8	26.0	4.8	26.0
0.0	0.0	0.8	5.5	0.8	5.5	0.0	0.0	17.0	67.3	17.0	67.3
0.0	0.0	0.1	0.6	0.1	0.6	0.0	0.0	2.4	10.7	2.4	10.7
0.0	0.0	0.1	0.6	0.1	0.6	0.0	0.0	2.3	8.6	2.3	8.6
0.0	0.0	0.8	4.5	0.8	4.5	0.0	0.0	6.9	59.9	6.9	59.9
0.0	0.0	3.7	23.5	3.7	23.5	0.0	0.0	12.7	92.3	12.7	92.3
0.0	0.0	0.2	2.7	0.2	2.7	0.0	0.0	1.9	13.5	1.9	13.5
0.0	0.0	0.4	2.4	0.4	2.4	0.0	0.0	2.7	18.5	2.7	18.5
0.0	0.0	64.2	283.8	64.2	283.8	0.0	0.0	1.2	6.9	1.2	6.9
0.0	0.0	0.8	4.5	0.8	4.5	30.0	88.1	1 830.4	4 896.9	1 860.4	4 985.0
0.0	0.0	0.4	2.4	0.4	2.4	0.0	0.1	14.1	81.1	14.1	81.2
0.0	0.0	0.9	5.3	0.9	5.3	0.0	0.0	3.1	20.0	3.1	20.0
0.0	0.0	0.1	0.4	0.1	0.4	0.0	0.0	4.8	39.5	4.8	39.5
0.0	0.0	0.4	1.7	0.4	1.7	0.0	0.1	8.3	39.0	8.3	39.1
0.0	0.0	0.9	3.7	0.9	3.7	0.0	0.0	28.7	105.8	28.7	105.8
0.0	0.0	88.0	424.3	88.0	424.3	30.2	99.7	2 336.1	7 484.5	2 366.3	7 584.2

小额批量支付系统地区间
2021年

资金流出 \ 资金流入	甘肃省 借记 笔数	金额	贷记 笔数	金额	小计 笔数	金额
北京市	0.0	0.0	38.4	175.0	38.4	175.1
天津市	0.0	0.0	1.9	9.7	1.9	9.7
河北省	0.0	0.0	2.6	16.5	2.6	16.5
山西省	0.0	0.0	2.0	12.3	2.0	12.3
内蒙古自治区	0.0	0.0	2.7	12.4	2.7	12.4
辽宁省	0.0	0.0	1.1	6.0	1.1	6.0
吉林省	0.0	0.0	0.4	2.3	0.4	2.3
黑龙江省	0.0	0.0	0.4	1.6	0.4	1.6
上海市	0.0	0.0	53.9	167.2	53.9	167.2
江苏省	0.0	0.0	9.7	25.5	9.7	25.5
浙江省	0.0	0.0	14.1	36.2	14.1	36.2
安徽省	0.0	0.0	1.7	9.7	1.7	9.7
福建省	0.0	0.0	4.0	11.4	4.0	11.4
江西省	0.0	0.0	1.3	7.1	1.3	7.1
山东省	0.0	0.0	6.2	27.6	6.2	27.6
河南省	0.0	0.0	2.7	20.9	2.7	20.9
湖北省	0.0	0.0	2.0	9.8	2.0	9.8
湖南省	0.0	0.0	2.1	9.2	2.1	9.2
广东省（不含深圳）	0.0	0.0	6.0	26.3	6.0	26.3
广西壮族自治区	0.0	0.0	1.0	4.0	1.0	4.0
海南省	0.0	0.0	0.6	2.2	0.6	2.2
重庆市	0.0	0.0	2.7	11.6	2.7	11.6
四川省	0.0	0.0	5.7	26.3	5.7	26.3
贵州省	0.0	0.0	0.6	3.4	0.6	3.4
云南省	0.0	0.0	1.0	5.3	1.0	5.3
西藏自治区	0.0	0.0	1.3	8.7	1.3	8.7
陕西省	0.0	0.0	12.5	62.8	12.5	62.8
甘肃省	2.2	94.8	723.3	2 051.9	725.5	2 146.7
青海省	0.0	0.0	6.9	38.1	6.9	38.1
宁夏回族自治区	0.0	0.0	4.5	27.6	4.5	27.6
新疆维吾尔自治区	0.0	0.0	14.1	30.8	14.1	30.8
深圳市	0.0	0.1	9.3	17.5	9.3	17.5
合计	2.2	94.9	936.7	2 876.8	938.9	2 971.7

资金流量流向情况季报表

第二季度 单位：万笔、亿元

青海省						宁夏回族自治区					
借记		贷记		小计		借记		贷记		小计	
笔数	金额	笔数	金额	笔数	金额	笔数	金额	笔数	金额	笔数	金额
0.0	0.1	9.6	44.1	9.6	44.2	0.0	2.0	16.0	94.6	16.0	96.7
0.0	0.0	0.4	1.9	0.4	1.9	0.0	0.0	1.1	10.3	1.1	10.3
0.0	0.0	0.8	6.3	0.8	6.3	0.0	0.0	1.7	17.8	1.7	17.8
0.0	0.0	0.4	3.2	0.4	3.2	0.0	0.0	2.0	15.8	2.0	15.8
0.0	0.0	0.4	2.9	0.4	2.9	0.0	0.0	5.9	41.7	5.9	41.7
0.0	0.0	0.4	3.0	0.4	3.0	0.0	0.0	0.8	7.5	0.8	7.5
0.0	0.0	0.1	0.8	0.1	0.8	0.0	0.0	0.2	1.6	0.2	1.6
0.0	0.0	0.1	0.5	0.1	0.5	0.0	0.0	0.3	1.4	0.3	1.4
0.0	0.0	17.0	66.9	17.0	66.9	0.0	0.0	33.4	81.4	33.4	81.4
0.0	0.0	3.5	14.2	3.5	14.2	0.0	0.0	4.8	17.9	4.8	17.9
0.0	0.0	3.0	19.0	3.0	19.0	0.0	0.0	4.9	27.5	4.9	27.5
0.0	0.0	0.5	2.2	0.5	2.2	0.0	0.0	1.0	4.6	1.0	4.6
0.0	0.0	0.8	2.5	0.8	2.5	0.0	0.0	1.9	7.5	1.9	7.5
0.0	0.0	0.4	2.8	0.4	2.8	0.0	0.0	0.6	6.2	0.6	6.2
0.0	0.0	1.0	9.2	1.0	9.2	0.0	0.0	3.2	27.8	3.2	27.8
0.0	0.0	0.9	7.0	0.9	7.0	0.0	0.0	1.4	13.0	1.4	13.0
0.0	0.0	0.7	3.6	0.7	3.6	0.0	0.0	1.0	5.7	1.0	5.7
0.0	0.0	0.5	2.5	0.5	2.5	0.0	0.0	0.8	4.4	0.8	4.4
0.0	0.0	1.5	8.8	1.5	8.8	0.0	0.0	2.3	15.2	2.3	15.2
0.0	0.0	0.2	0.6	0.2	0.6	0.0	0.0	0.3	2.7	0.3	2.7
0.0	0.0	0.2	0.8	0.2	0.8	0.0	0.0	0.3	0.9	0.3	0.9
0.0	0.0	0.6	3.8	0.6	3.8	0.0	0.0	0.9	6.3	0.9	6.3
0.0	0.0	2.2	13.6	2.2	13.6	0.0	0.0	1.6	10.4	1.6	10.4
0.0	0.0	0.2	0.7	0.2	0.7	0.0	0.0	0.3	1.9	0.3	1.9
0.0	0.0	0.3	2.0	0.3	2.0	0.0	0.0	0.4	2.7	0.4	2.7
0.0	0.0	1.5	10.9	1.5	10.9	0.0	0.0	0.1	0.8	0.1	0.8
0.0	0.0	2.4	13.4	2.4	13.4	0.0	0.0	9.3	31.4	9.3	31.4
0.0	0.0	4.3	24.3	4.3	24.3	0.0	0.0	5.2	35.3	5.2	35.3
0.3	0.0	220.1	646.0	220.4	646.1	0.0	0.0	0.6	7.9	0.6	7.9
0.0	0.0	0.5	3.2	0.5	3.2	0.2	0.9	303.8	911.8	304.0	912.8
0.0	0.0	1.2	4.8	1.2	4.8	0.0	0.0	1.9	8.3	1.9	8.3
0.0	0.0	3.0	6.3	3.0	6.3	0.0	0.0	4.8	10.2	4.8	10.2
0.3	0.2	278.8	932.1	279.1	932.2	0.2	3.0	412.8	1 432.4	413.0	1 435.4

小额批量支付系统地区间
2021年

资金流出 \ 资金流入	新疆维吾尔自治区					
	借记		贷记		小计	
	笔数	金额	笔数	金额	笔数	金额
北京市	0.2	2.7	33.3	229.7	33.5	232.4
天津市	0.0	0.0	2.3	17.4	2.3	17.4
河北省	0.0	0.0	3.5	32.9	3.5	33.0
山西省	0.0	0.1	2.3	14.0	2.3	14.1
内蒙古自治区	0.0	0.0	1.1	10.0	1.1	10.0
辽宁省	0.0	0.0	1.7	12.8	1.7	12.8
吉林省	0.0	0.0	0.5	4.4	0.5	4.4
黑龙江省	0.0	0.0	0.8	4.3	0.8	4.3
上海市	0.0	0.0	113.9	310.0	113.9	310.0
江苏省	0.0	0.0	8.7	53.3	8.7	53.3
浙江省	0.0	0.0	12.9	71.6	12.9	71.6
安徽省	0.0	0.0	1.5	11.4	1.5	11.4
福建省	0.0	0.0	2.7	21.5	2.7	21.5
江西省	0.0	0.0	1.3	14.1	1.3	14.1
山东省	0.0	0.0	5.3	55.7	5.3	55.7
河南省	0.0	0.0	4.7	36.6	4.7	36.6
湖北省	0.0	0.0	2.6	17.5	2.6	17.5
湖南省	0.0	0.0	1.9	12.2	1.9	12.2
广东省（不含深圳）	0.0	0.1	5.9	31.4	5.9	31.5
广西壮族自治区	0.0	0.0	0.8	3.3	0.8	3.3
海南省	0.0	0.0	7.8	11.1	7.8	11.1
重庆市	0.0	0.0	2.9	28.7	2.9	28.7
四川省	0.0	0.0	6.8	38.0	6.8	38.0
贵州省	0.0	0.0	0.6	4.5	0.6	4.5
云南省	0.0	0.0	0.8	6.7	0.8	6.7
西藏自治区	0.0	0.0	0.9	4.0	0.9	4.0
陕西省	0.0	0.0	5.7	33.9	5.7	33.9
甘肃省	0.0	0.0	4.4	25.0	4.4	25.0
青海省	0.0	0.0	0.7	6.3	0.7	6.3
宁夏回族自治区	0.0	0.0	1.0	10.9	1.0	10.9
新疆维吾尔自治区	19.3	316.6	1 024.5	3 520.2	1 043.8	3 836.7
深圳市	0.0	0.0	9.9	32.4	9.9	32.4
合计	19.6	319.5	1 273.6	4 685.7	1 293.2	5 005.2

资金流量流向情况季报表

第二季度

单位：万笔、亿元

深圳市						合计					
借记		贷记		小计		借记		贷记		小计	
笔数	金额	笔数	金额	笔数	金额	笔数	金额	笔数	金额	笔数	金额
5.5	134.4	789.5	2 741.3	795.0	2 875.6	600.3	2 414.3	5 841.3	27 854.3	6 441.6	30 268.6
0.0	0.1	20.2	162.5	20.2	162.6	106.6	174.4	855.3	5 423.9	961.9	5 598.2
0.0	0.2	19.4	137.1	19.4	137.4	247.9	135.1	4 077.0	14 971.4	4 324.9	15 106.5
0.0	0.0	6.9	41.4	6.9	41.5	67.3	32.5	1 795.1	6 778.8	1 862.4	6 811.3
0.0	0.0	4.7	23.5	4.7	23.6	44.9	22.0	960.0	4 493.5	1 004.9	4 515.5
0.0	0.3	14.4	96.1	14.4	96.3	105.5	71.3	1 600.6	7 098.2	1 706.1	7 169.5
0.0	0.0	6.4	23.5	6.4	23.5	40.3	15.0	1 045.4	2 865.0	1 085.7	2 880.0
0.0	0.1	10.5	47.3	10.5	47.4	88.4	51.9	1 181.8	3 781.7	1 270.2	3 833.6
0.3	0.8	295.3	3 368.6	295.6	3 369.4	168.5	569.4	9 693.7	50 689.0	9 862.2	51 258.4
0.0	0.5	91.7	460.0	91.8	460.5	579.1	1 048.6	6 214.8	31 864.1	6 793.9	32 912.7
0.0	0.5	108.0	512.8	108.0	513.3	1 935.9	2 381.9	8 748.3	40 201.2	10 684.2	42 583.1
0.0	0.2	17.0	80.8	17.0	81.0	58.5	48.9	2 004.0	7 541.9	2 062.6	7 590.8
0.0	0.2	65.9	238.4	65.9	238.6	65.3	101.9	3 024.1	11 727.1	3 089.3	11 829.0
0.0	0.2	22.9	134.2	22.9	134.5	50.9	22.3	1 892.0	7 082.5	1 942.9	7 104.8
0.0	0.4	38.9	202.0	38.9	202.4	208.7	811.5	5 727.7	25 615.6	5 936.4	26 427.0
0.0	0.1	27.6	119.7	27.7	119.8	99.8	41.7	3 985.7	11 456.3	4 085.5	11 497.9
0.0	0.2	30.4	178.5	30.4	178.7	98.2	392.6	2 106.6	9 092.0	2 204.8	9 484.5
0.0	0.2	34.8	176.5	34.8	176.7	80.5	41.1	2 847.9	8 712.9	2 928.4	8 754.1
2.1	24.2	419.3	2 538.3	421.4	2 562.6	156.0	786.9	6 915.1	33 654.1	7 071.2	34 441.1
0.0	0.1	18.9	92.1	18.9	92.2	175.4	118.7	1 918.3	5 644.4	2 093.7	5 763.1
0.0	0.1	7.5	41.5	7.5	41.6	11.8	12.7	702.7	1 627.7	714.5	1 640.5
0.0	0.1	20.5	127.1	20.5	127.2	38.6	96.8	1 722.3	7 063.2	1 760.9	7 160.0
0.0	0.2	33.1	193.7	33.1	193.9	98.0	66.6	4 503.3	11 348.6	4 601.3	11 415.1
0.0	0.0	8.0	44.5	8.0	44.5	14.4	8.7	836.9	3 787.3	851.3	3 796.0
0.0	0.0	10.9	64.9	10.9	64.9	128.2	45.9	1 428.6	5 762.8	1 556.9	5 808.7
0.0	0.0	1.1	6.3	1.1	6.3	2.3	0.7	103.5	501.6	105.8	502.3
0.0	0.0	19.2	145.9	19.2	145.9	73.6	109.3	2 202.4	6 908.3	2 276.0	7 017.6
0.0	0.0	4.2	20.6	4.2	20.6	19.4	102.9	852.0	2 774.6	871.4	2 877.5
0.0	0.0	1.1	6.7	1.1	6.7	2.8	1.1	266.8	911.5	269.6	912.6
0.0	0.0	3.0	9.9	3.0	10.0	7.7	3.4	382.6	1 334.2	390.2	1 337.6
0.0	0.0	5.4	31.8	5.4	31.8	40.1	326.2	1 213.5	4 575.6	1 253.6	4 901.8
1 183.1	389.4	2 087.3	8 702.0	3 270.4	9 091.4	1 300.0	460.4	4 126.6	16 312.3	5 426.6	16 772.7
1 191.2	552.7	4 244.2	20 769.6	5 435.5	21 322.3	6 714.9	10 516.5	90 775.9	379 455.7	97 490.8	389 972.2

小额批量支付系统行别间
2021 年

资金流出 \ 资金流入	政策性银行		国有大型商业银行		股份制商业银行	
	笔数	金额	笔数	金额	笔数	金额
政策性银行	2.7	20.5	233.1	790.9	17.2	83.2
国有大型商业银行	30.5	601.4	31 340.8	106 831.0	7 989.7	38 125.0
股份制商业银行	4.1	104.2	8 536.0	31 504.0	2 474.2	13 578.9
城市商业银行	3.5	72.8	4 355.7	18 557.4	1 273.4	5 614.7
农村商业银行	3.6	47.7	2 769.7	11 706.6	432.6	2 557.5
农村合作银行	0.1	0.3	9.7	48.7	1.5	14.7
农村信用社	4.6	65.5	3 807.1	14 019.6	404.6	2 385.3
村镇银行	0.4	6.9	538.1	2 170.0	76.8	556.9
外资银行	0.1	2.6	353.9	889.2	90.0	243.8
其他	9.7	112.7	5 009.0	16 598.9	1 112.3	6 781.3
合计	59.4	1 034.5	56 953.1	203 116.3	13 872.1	69 941.3

资金流量流向情况季报表

第二季度

单位：万笔、亿元

城市商业银行		农村商业银行		农村合作银行	
笔数	金额	笔数	金额	笔数	金额
30.9	141.9	55.3	159.3	1.2	3.1
4 442.7	25 364.7	5 287.1	20 898.0	52.3	175.1
1 227.0	6 740.0	651.3	2 846.7	3.1	16.1
294.0	2 943.3	453.5	2 091.0	5.0	18.5
288.9	1 761.2	185.1	566.1	0.6	3.7
1.2	10.7	0.1	0.7	20.5	1.5
366.0	2 878.5	26.3	198.2	0.1	1.2
38.9	312.2	42.1	244.8	0.6	4.4
23.6	93.9	26.8	81.7	0.2	0.2
1 158.6	10 028.5	532.0	1 290.2	7.4	9.9
7 871.8	50 274.9	7 259.7	28 376.7	91.1	233.6

小额批量支付系统行别间
2021年

资金流出 \ 资金流入	农村信用社		村镇银行		外资银行	
	笔数	金额	笔数	金额	笔数	金额
政策性银行	55.0	197.5	4.4	17.8	0.1	1.9
国有大型商业银行	7 053.7	17 503.4	504.5	2 543.0	258.7	2 002.5
股份制商业银行	434.5	1 964.4	76.7	512.7	83.9	960.9
城市商业银行	663.7	2 769.3	43.0	325.1	29.7	230.0
农村商业银行	314.3	204.1	54.3	293.0	15.9	100.8
农村合作银行	16.7	1.8	0.1	0.3	0.0	0.5
农村信用社	355.7	234.8	61.2	302.6	10.2	53.1
村镇银行	56.1	285.7	4.8	52.3	0.9	7.8
外资银行	16.6	32.6	0.8	4.3	16.2	123.0
其他	924.5	1 188.0	154.5	349.2	60.8	1 060.1
合计	9 890.7	24 381.6	904.2	4 400.3	476.3	4 540.4

资金流量流向情况季报表

第二季度 单位：万笔、亿元

其他		合计	
笔数	金额	笔数	金额
0.9	171.8	400.7	1 587.7
53.0	1 464.8	57 012.9	215 509.0
14.0	183.1	13 504.8	58 411.0
11.2	114.6	7 132.7	32 736.8
24.2	48.0	4 089.2	17 288.8
0.1	0.1	50.0	79.3
7.4	52.7	5 043.1	20 191.5
1.3	5.5	760.1	3 646.5
0.2	1.5	528.3	1 472.6
0.2	1 630.3	8 968.9	39 049.0
112.4	3 672.5	97 490.8	389 972.2

同城清算业务情况季报表

2021年第二季度　　　　　　单位：万笔、亿元

项目 行别	笔数	金额
政策性银行	0.2	17.2
国有大型商业银行	131.1	5 738.2
股份制商业银行	30.0	1 623.3
城市商业银行	54.8	2 157.2
农村商业银行	18.3	569.0
农村合作银行	0.0	0.0
农村信用社	9.0	208.1
村镇银行	1.5	52.9
外资银行	1.8	59.6
其他	1.9	303.8
合计	248.6	10 729.4

银行行内业务系统支付业务情况季报表

2021年第二季度　　　　单位：万笔、亿元

项目 行别	笔数	金额
政策性银行	21.8	7 867.4
国有大型商业银行	231 333.4	2 995 552.3
股份制商业银行	40 541.8	967 569.1
城市商业银行	64 174.3	270 930.8
农村商业银行	90 325.7	289 632.1
农村合作银行	808.5	2 619.1
农村信用社	28 027.3	32 387.6
村镇银行	900.6	6 944.3
外资银行	149.9	306 756.8
合计	456 283.3	4 880 259.6

银行卡跨行
2021 年

项目	存现				取现			
	柜面		ATM等自助渠道		柜面		ATM等自助渠道	
行别	笔数	金额	笔数	金额	笔数	金额	笔数	金额
国有大型商业银行	0.0	0.0	2.6	0.8	0.0	0.0	10 382.7	2 047.8
股份制商业银行	8.9	18.6	1.1	0.5	5.0	14.9	3 239.5	774.9
城市商业银行	13.4	50.2	0.9	0.3	12.6	57.3	3 540.2	773.3
农村商业银行	0.0	0.0	0.1	0.0	0.0	0.0	403.2	81.6
农村合作银行	0.2	0.7	0.0	0.0	0.3	1.0	3.9	0.9
农村信用社	0.0	0.0	1.2	0.4	0.0	0.0	2 624.4	413.8
村镇银行	0.2	1.0	0.1	0.0	0.3	1.8	307.1	69.3
外资银行	0.0	0.0	0.0	0.0	0.0	0.0	23.5	8.2
其他	0.0	0.0	0.0	0.0	0.0	0.0	63.5	28.3
合计	22.7	70.5	6.1	2.1	18.3	75.0	20 587.9	4 198.1

交易情况季报表

第二季度　　　　　　　　　　　　　　　　　　　　　　　　　　　　　　单位：万笔、亿元

消费					
POS（含移动POS）		互联网		其他终端	
笔数	金额	笔数	金额	笔数	金额
98 340.3	50 419.6	71 702.5	6 954.3	1 787.3	397.0
100 870.7	50 788.9	35 923.2	2 762.2	1 464.4	157.4
14 408.5	6 967.4	13 171.1	459.4	202.1	53.3
2 249.6	1 274.2	1 259.1	86.1	25.6	22.4
25.8	17.0	19.8	1.8	0.1	0.0
9 122.6	5 165.6	7 734.6	552.7	81.0	65.5
130.9	158.4	483.4	24.4	1.3	2.8
478.6	210.3	479.8	8.2	10.6	1.0
5 270.5	42.2	3 471.7	43.0	409.2	2.0
230 897.5	115 043.6	134 245.2	10 892.1	3 981.6	701.4

银行卡跨行
2021 年

项目 / 行别	转账									
	POS（含移动 POS）		电话终端		互联网		柜面		其他终端	
	笔数	金额	笔数	金额	笔数	金额	笔数	金额	笔数	金额
国有大型商业银行	606.1	400.7	13.9	11.5	16 532.8	7 622.2	3.5	7.4	677.0	977.3
股份制商业银行	162.4	178.3	0.6	0.2	3 947.4	1 845.3	0.6	5.2	93.8	108.4
城市商业银行	60.1	115.5	2.0	0.3	294.5	123.4	1.4	14.0	145.1	134.3
农村商业银行	14.1	12.0	0.2	0.0	73.3	21.7	0.0	0.0	32.2	36.2
农村合作银行	0.1	0.0	0.0	0.0	1.0	0.5	0.1	1.3	0.4	0.3
农村信用社	429.3	136.3	9.8	2.7	348.2	120.1	0.0	0.0	191.9	171.4
村镇银行	4.0	5.3	0.1	0.0	6.8	2.9	0.1	1.2	13.9	18.2
外资银行	0.9	0.9	0.0	0.0	1.1	0.4	0.0	0.0	0.4	0.6
其他	1.6	0.2	0.1	0.0	0.1	0.0	0.0	0.0	1.3	0.7
合计	1 278.6	849.3	26.8	14.7	21 205.2	9 736.6	5.6	29.1	1 155.8	1 447.4

交易情况季报表
第二季度
单位：万笔、亿元

贷记等其他										断直连类业务		合计	
柜面		ATM等自助渠道		POS（含移动POS）		互联网		其他终端					
笔数	金额	笔数	金额	笔数	金额	笔数	金额	笔数	金额	笔数	金额	笔数	金额
0.0	0.0	0.0	0.0	89.6	163.5	294 545.1	158 270.1	976.1	2 960.0	0.0	0.0	495 659.4	230 232.1
0.0	0.0	0.0	0.0	6.1	33.5	56 992.7	122 787.4	90.8	92.8	0.0	0.0	202 807.2	179 568.6
0.0	0.0	0.0	0.0	7.5	61.5	15 283.8	17 904.7	23.7	223.7	0.0	0.0	47 166.8	26 938.8
0.0	0.0	0.0	0.0	1.3	0.5	1 719.2	1 102.7	0.4	6.1	0.0	0.0	5 778.4	2 643.6
0.0	0.0	0.0	0.0	0.0	0.0	17.0	19.3	0.0	0.0	0.0	0.0	68.6	42.9
0.0	0.0	0.0	0.0	10.5	64.5	8 832.7	5 023.9	342.1	50.5	0.0	0.0	29 728.3	11 767.4
0.0	0.0	0.0	0.0	0.6	9.6	1 281.2	451.3	10.4	16.4	0.0	0.0	2 240.6	762.6
0.0	0.0	0.0	0.0	0.0	0.0	41.0	17.7	0.1	0.0	0.0	0.0	1 036.0	247.3
12.7	0.2	0.0	0.0	0.9	0.0	919.2	1 274.6	1.6	0.4	0.0	0.0	10 152.4	1 391.6
12.7	0.2	0.0	0.0	116.5	333.1	379 632.0	306 851.6	1 445.2	3 350.0	4 343 090.8	94 040.8	5 137 728.5	547 635.7

三、银行结算账户类报表

银行结算账户数量

2021年

账户性质 / 行别	本地存款人				
	基本存款账户	一般存款账户	专用存款账户	临时存款账户	小计
政策性银行	57 183	75 868	94 792	1 820	229 663
国有大型商业银行	31 587 843	7 242 446	2 301 140	60 147	41 191 576
股份制商业银行	6 415 633	2 715 689	304 583	13 959	9 449 864
城市商业银行	5 876 899	2 236 933	315 722	18 283	8 447 837
农村商业银行	3 917 989	653 348	176 594	5 941	4 753 872
城市信用社	13 146	1 280	253	102	14 781
农村信用社	7 134 117	1 161 998	337 574	17 288	8 650 977
外资银行	33 399	108 546	12 603	46	154 594
其他	532 211	373 731	27 668	3 006	936 616
合计	55 568 420	14 569 839	3 570 929	120 592	73 829 780

季报表（按行别）

第二季度 单位：户

异地存款人					个人银行账户	合计
基本存款账户	一般存款账户	专用存款账户	临时存款账户	小计		
2 777	56 904	11 627	776	72 084	40	301 787
699 327	933 950	301 150	48 983	1 983 410	8 178 455 416	8 221 630 402
231 443	774 064	153 557	3 778	1 162 842	1 454 511 131	1 465 123 837
160 682	487 403	72 501	5 711	726 297	1 469 277 217	1 478 451 351
77 346	125 607	25 642	1 515	230 110	526 753 796	531 737 778
286	422	8	66	782	1 977 713	1 993 276
119 618	206 601	42 440	5 069	373 728	1 061 832 658	1 070 857 363
1 927	62 574	3 841	19	68 361	9 669 651	9 892 606
25 330	700 968	16 054	725	743 077	437 424 454	439 104 147
1 318 736	3 348 493	626 820	66 642	5 360 691	13 040 000 000	13 119 190 471

银行结算账户数量季报表
2021 年

注册资金规模 账户性质 行别	100 万元以下				100 万~1 000 万元			
	基本存款账户	一般存款账户	专用存款账户	临时存款账户	基本存款账户	一般存款账户	专用存款账户	临时存款账户
政策性银行	20 176	19 374	22 613	1 827	16 605	20 104	16 313	37
国有大型商业银行	22 085 768	3 138 954	1 215 879	62 141	8 280 662	2 775 930	480 978	6 490
股份制商业银行	4 359 611	1 084 833	141 458	14 174	1 858 356	1 076 153	37 683	191
城市商业银行	4 220 987	893 318	139 070	18 551	1 492 452	905 842	65 324	634
农村商业银行	3 097 008	277 123	107 961	6 188	743 541	266 383	33 021	242
城市信用社	11 578	764	143	110	1 523	525	58	27
农村信用社	5 570 938	515 763	198 357	17 205	1 418 525	493 863	69 914	925
外资银行	22 603	40 183	3 357	47	8 205	38 545	2 306	0
其他	420 271	518 169	12 529	2 980	117 154	390 150	6 598	110
合计	39 808 940	6 488 481	1 841 367	123 223	13 937 023	5 967 495	712 195	8 656

（按注册资金规模）

第二季度　　　　　　　　　　　　　　　　　　　　　　　　　　　　　　　　　　　　　　单位：户

1 000 万~1 亿元				1 亿元以上				小计				合计
基本存款账户	一般存款账户	专用存款账户	临时存款账户	基本存款账户	一般存款账户	专用存款账户	临时存款账户	基本存款账户	一般存款账户	专用存款账户	临时存款账户	
16 503	40 132	33 803	133	6 676	53 162	33 690	599	59 960	132 772	106 419	2 596	301 747
1 715 448	1 731 738	494 082	12 813	205 292	529 774	411 351	27 686	32 287 170	8 176 396	2 602 290	109 130	43 174 986
382 824	899 468	70 422	493	46 285	429 299	208 577	2 879	6 647 076	3 489 753	458 140	17 737	10 612 706
294 958	682 446	100 626	1 501	29 184	242 730	83 203	3 308	6 037 581	2 724 336	388 223	23 994	9 174 134
144 087	183 902	40 009	448	10 699	51 547	21 245	578	3 995 335	778 955	202 236	7 456	4 983 982
290	310	52	20	41	103	8	11	13 432	1 702	261	168	15 563
249 126	297 995	78 915	2 321	15 146	60 978	32 828	1 906	7 253 735	1 368 599	380 014	22 357	9 024 705
3 282	51 377	4 492	0	1 236	41 015	6 289	18	35 326	171 120	16 444	65	222 955
18 753	140 075	14 923	336	1 363	26 305	9 672	305	557 541	1 074 699	43 722	3 731	1 679 693
2 825 271	4 027 443	837 324	18 065	315 922	1 434 913	806 863	37 290	56 887 156	17 918 332	4 197 749	187 234	79 190 471

银行结算账户数量季报表
2021 年

行业分类 账户性质 行别	A 农、林、牧、渔业				B 采掘业			
	基本存款账户	一般存款账户	专用存款账户	临时存款账户	基本存款账户	一般存款账户	专用存款账户	临时存款账户
政策性银行	22 092	12 417	21 103	71	125	951	269	1
国有大型商业银行	1 236 421	317 958	62 967	1 620	104 823	48 885	26 927	636
股份制商业银行	48 343	75 258	3 161	90	3 559	18 140	1 229	19
城市商业银行	170 740	101 778	9 643	297	10 274	17 823	4 665	70
农村商业银行	522 554	40 312	11 409	180	11 353	4 872	2 323	30
城市信用社	607	73	10	7	189	67	2	0
农村信用社	1 060 464	95 117	24 882	660	31 996	13 152	6 631	118
外资银行	177	2 019	129	0	31	383	13	0
其他	58 441	50 207	1 949	113	1 591	4 097	977	10
合计	3 119 839	695 139	135 253	3 038	163 941	108 370	43 036	884

（按行业归属）

第二季度 单位：户

C 制造业				D 电力、燃气及水的生产和供应业				E 建筑业			
基本存款账户	一般存款账户	专用存款账户	临时存款账户	基本存款账户	一般存款账户	专用存款账户	临时存款账户	基本存款账户	一般存款账户	专用存款账户	临时存款账户
2 606	11 611	4 326	8	1 025	5 505	2 109	27	3 477	26 698	9 924	908
2 861 968	1 404 033	181 471	2 474	150 151	76 638	33 056	1 090	2 246 994	624 784	335 836	42 632
214 095	481 599	16 350	382	15 460	32 849	2 422	49	343 240	225 645	36 000	3 397
356 714	449 984	19 950	467	18 309	23 723	3 005	114	357 197	209 605	73 751	5 295
538 994	169 232	12 812	115	23 374	7 347	1 290	72	218 641	62 265	25 611	1 296
1 362	277	17	6	79	25	4	1	409	154	25	38
872 383	270 837	13 847	585	43 175	12 884	3 581	154	405 004	99 302	47 188	5 230
2 217	47 529	4 370	1	46	1 225	60	0	681	4 736	145	18
26 512	152 529	1 524	48	2 664	5 584	319	46	42 395	80 174	8 122	767
4 876 851	2 987 631	254 667	4 086	254 283	165 780	45 846	1 553	3 618 038	1 333 363	536 602	59 581

银行结算账户数量季报表
2021 年

行业分类 账户性质 行别	F 交通运输、仓储和邮政业				G 信息传输、计算机服务和软件业			
	基本存款账户	一般存款账户	专用存款账户	临时存款账户	基本存款账户	一般存款账户	专用存款账户	临时存款账户
政策性银行	3 793	4 545	5 210	52	239	1 391	184	7
国有大型商业银行	781 038	220 524	70 677	3 303	1 456 266	272 193	71 819	799
股份制商业银行	115 243	77 830	3 916	224	598 281	190 151	9 125	189
城市商业银行	110 761	61 274	5 193	505	292 973	103 782	6 345	102
农村商业银行	76 737	16 834	1 619	270	77 526	15 441	953	16
城市信用社	205	34	7	3	306	21	0	0
农村信用社	131 608	32 826	4 319	932	147 580	26 984	1 350	50
外资银行	714	4 705	287	0	2 656	8 826	831	1
其他	11 972	27 816	420	102	16 547	57 008	288	5
合计	1 232 071	446 388	91 648	5 391	2 592 374	675 797	90 895	1 169

（按行业归属）

第二季度 单位：户

H 批发和零售业				I 住宿和餐饮业				J 金融业			
基本存款账户	一般存款账户	专用存款账户	临时存款账户	基本存款账户	一般存款账户	专用存款账户	临时存款账户	基本存款账户	一般存款账户	专用存款账户	临时存款账户
8 226	12 804	8 510	12	244	606	197	0	2 097	1 521	6 850	1
12 195 190	2 580 774	360 975	4 219	802 879	146 262	23 322	316	101 914	53 479	208 415	178
2 413 862	1 125 450	22 673	658	163 076	53 096	1 385	72	42 362	43 860	183 857	46
2 500 378	871 999	33 579	1 470	145 692	43 492	2 458	116	24 944	18 250	32 674	47
1 215 092	227 758	9 582	111	96 197	13 358	673	7	5 953	4 584	9 425	43
5 468	579	16	6	393	31	4	0	41	4	6	4
2 217 223	416 087	14 939	1 541	180 609	25 164	1 550	129	12 222	6 794	16 614	85
14 890	50 733	3 339	4	1 041	2 198	151	0	795	2 363	2 419	2
204 914	416 710	2 759	49	15 386	15 952	147	5	2 324	4 482	9 993	16
20 775 243	5 702 894	456 372	8 070	1 405 517	300 159	29 887	645	192 652	135 337	470 253	422

银行结算账户数量季报表
2021 年

行业分类 账户性质 行别	K 房地产业				L 租赁和商务服务业			
	基本存款账户	一般存款账户	专用存款账户	临时存款账户	基本存款账户	一般存款账户	专用存款账户	临时存款账户
政策性银行	1 297	9 565	5 885	42	1 581	7 905	3 745	111
国有大型商业银行	565 416	466 289	184 778	1 781	2 746 750	437 495	133 213	5 835
股份制商业银行	126 416	176 151	37 608	121	972 464	290 880	47 794	1 990
城市商业银行	84 212	140 261	39 469	189	495 954	156 637	18 142	1 334
农村商业银行	44 698	45 794	19 570	116	174 401	36 361	3 608	290
城市信用社	198	90	18	8	313	32	3	1
农村信用社	67 178	75 927	32 979	326	270 471	52 786	5 573	334
外资银行	461	6 856	698	0	5 584	15 560	1 821	3
其他	5 946	23 097	3 707	53	36 088	65 771	1 344	102
合计	895 822	944 030	324 712	2 636	4 703 606	1 063 427	215 243	10 000

（按行业归属）

第二季度　　　　　　　　　　　　　　　　　　　　　　　　　　　　　　　　　　　　　单位：户

M 科学研究、技术服务和地质勘查业				N 水利、环境和公共设施管理业				O 居民服务和其他服务业			
基本存款账户	一般存款账户	专用存款账户	临时存款账户	基本存款账户	一般存款账户	专用存款账户	临时存款账户	基本存款账户	一般存款账户	专用存款账户	临时存款账户
351	1 911	443	24	3 017	7 917	9 370	489	839	6 229	2 505	28
866 005	141 049	44 399	1 045	183 529	61 123	44 061	5 554	2 677 512	486 794	105 493	6 139
337 027	88 689	5 375	114	29 553	32 546	4 564	449	529 268	220 630	15 721	2 339
103 981	49 541	4 071	117	31 588	27 138	8 554	1 193	557 191	158 877	17 662	1 683
32 218	9 854	796	22	20 841	7 399	2 735	579	288 567	38 705	12 967	436
94	11	4	0	51	10	8	6	1 512	92	16	5
53 525	15 226	1 313	91	38 092	10 360	6 680	1 175	581 281	77 919	19 441	1 260
970	4 675	482	0	63	751	23	0	1 751	6 513	346	7
4 765	23 073	212	18	3 329	6 601	928	295	40 161	58 688	1 718	302
1 398 936	334 029	57 095	1 431	310 063	153 845	76 923	9 740	4 678 082	1 054 447	175 869	12 199

银行结算账户数量季报表
2021 年

行业分类 账户性质 行别	P 教育				Q 卫生、社会保障和社会福利业			
	基本存款账户	一般存款账户	专用存款账户	临时存款账户	基本存款账户	一般存款账户	专用存款账户	临时存款账户
政策性银行	203	514	306	14	225	921	778	19
国有大型商业银行	409 674	76 108	101 050	401	258 612	75 405	95 639	868
股份制商业银行	64 828	28 029	4 786	35	29 594	22 203	3 479	76
城市商业银行	78 975	20 460	15 082	81	41 914	22 021	12 573	223
农村商业银行	65 276	6 866	14 027	44	43 114	6 347	7 773	139
城市信用社	94	10	6	2	91	12	12	5
农村信用社	113 930	10 600	28 689	146	80 718	10 520	25 002	467
外资银行	178	515	52	0	75	448	38	0
其他	9 964	7 447	941	30	3 547	4 645	880	67
合计	743 122	150 549	164 939	753	457 890	142 522	146 174	1 864

（按行业归属）

第二季度 单位：户

R 文化、教育和娱乐业				S 公共管理与社会组织				T 其他行业			
基本存款账户	一般存款账户	专用存款账户	临时存款账户	基本存款账户	一般存款账户	专用存款账户	临时存款账户	基本存款账户	一般存款账户	专用存款账户	临时存款账户
398	991	729	9	1 179	4 631	7 557	265	6 946	14 139	16 419	508
685 669	93 641	42 346	1 086	780 827	81 354	286 792	13 049	1 175 532	511 608	189 054	16 105
237 978	51 405	2 775	347	47 061	16 555	11 926	1 594	315 366	238 787	43 994	5 546
120 378	30 989	4 148	316	127 112	24 724	39 319	3 529	408 294	191 978	37 940	6 846
48 891	6 573	1 609	49	202 914	9 547	38 203	1 300	287 994	49 506	25 251	2 341
170	8	2	9	235	8	60	20	1 615	164	41	47
94 769	12 203	3 891	159	287 109	19 812	77 190	2 952	564 398	84 099	44 355	5 963
869	1 490	89	6	228	254	53	2	1 899	9 341	1 098	21
9 942	16 668	229	21	14 059	6 853	3 950	515	46 994	47 297	3 315	1 167
1 199 064	213 968	55 818	2 002	1 460 724	163 738	465 050	23 226	2 809 038	1 146 919	361 467	38 544

银行结算账户数量季报表
2021 年

小

行别	基本存款账户	一般存款账户
政策性银行	59 960	132 772
国有大型商业银行	32 287 170	8 176 396
股份制商业银行	6 647 076	3 489 753
城市商业银行	6 037 581	2 724 336
农村商业银行	3 995 335	778 955
城市信用社	13 432	1 702
农村信用社	7 253 735	1 368 599
外资银行	35 326	171 120
其他	557 541	1 074 699
合计	56 887 156	17 918 332

（按行业归属）

第二季度 单位：户

计		合计
专用存款账户	临时存款账户	
106 419	2 596	301 747
2 602 290	109 130	43 174 986
458 140	17 737	10 612 706
388 223	23 994	9 174 134
202 236	7 456	4 983 982
261	168	15 563
380 014	22 357	9 024 705
16 444	65	222 955
43 722	3 731	1 679 693
4 197 749	187 234	79 190 471

银行结算账户数量季报表
2021年

存款人类别 / 账户性质 / 行别	企业法人				非法人企业				机关、事业单位			
	基本存款账户	一般存款账户	专用存款账户	临时存款账户	基本存款账户	一般存款账户	专用存款账户	临时存款账户	基本存款账户	一般存款账户	专用存款账户	临时存款账户
政策性银行	51 640	118 933	89 616	752	3 410	4 859	4 796	12	2 140	6 166	11 275	1
国有大型商业银行	21 783 425	7 092 537	1 688 719	45 893	2 136 181	368 413	185 919	2 507	551 847	75 313	650 459	89
股份制商业银行	5 134 959	3 187 948	380 694	3 503	510 518	128 694	45 131	52	14 017	17 083	24 922	6
城市商业银行	3 896 098	2 450 974	261 404	5 381	384 947	100 266	24 785	199	76 268	27 322	90 997	8
农村商业银行	1 936 106	675 859	94 985	1 331	376 446	35 961	8 054	78	82 272	10 619	61 754	2
城市信用社	6 901	1 445	120	57	868	94	6	7	237	31	125	0
农村信用社	3 593 577	1 182 758	169 714	4 719	467 506	58 978	15 058	264	157 386	14 031	160 159	16
外资银行	24 450	162 692	13 805	19	3 144	5 751	409	0	6	85	37	0
其他	287 103	984 749	32 070	688	39 621	31 048	2 129	25	3 745	5 418	6 985	1
合计	36 714 259	15 857 895	2 731 127	62 343	3 922 641	734 064	286 287	3 144	887 918	156 068	1 006 713	123

（按存款人类别）

第二季度 单位：户

社会团体				民办非企业组织				异地常设机构			
基本存款账户	一般存款账户	专用存款账户	临时存款账户	基本存款账户	一般存款账户	专用存款账户	临时存款账户	基本存款账户	一般存款账户	专用存款账户	临时存款账户
477	97	20	0	108	267	67	0	0	0	0	0
552 727	21 101	9 171	1	262 842	66 571	18 061	3	5 057	328	260	4
55 538	7 829	921	0	30 145	20 489	2 243	1	1 164	153	21	0
106 537	5 670	1 610	0	61 193	17 621	2 017	0	1 023	163	18	0
91 909	2 073	4 828	0	53 961	5 696	1 478	1	44	10	2	0
279	3	3	0	151	5	0	0	1	0	0	0
145 368	2 686	3 509	2	101 182	10 244	1 775	1	179	27	14	0
235	90	7	0	40	261	10	0	8	11	1	0
12 329	1 532	382	0	8 840	3 672	143	0	2	1	0	0
965 399	41 081	20 451	3	518 462	124 826	25 794	6	7 478	693	316	4

银行结算账户数量季报表
2021年

存款人类别\账户性质\行别	外国驻华机构				个体工商户				居民委员会、村民委员会、社区委员会			
	基本存款账户	一般存款账户	专用存款账户	临时存款账户	基本存款账户	一般存款账户	专用存款账户	临时存款账户	基本存款账户	一般存款账户	专用存款账户	临时存款账户
政策性银行	1	5	0	0	1 289	1 397	120	2	31	208	165	0
国有大型商业银行	10 501	568	643	5	6 455 827	436 784	19 846	212	46 949	18 672	8 073	0
股份制商业银行	3 202	422	23	0	865 540	111 936	813	3	1 202	1 667	271	0
城市商业银行	1 158	134	29	0	1 415 066	95 420	2 379	27	9 924	4 986	1 890	0
农村商业银行	32	7	0	0	1 064 290	36 047	1 912	33	122 409	3 276	18 718	0
城市信用社	0	0	0	0	4 828	116	1	1	49	4	4	0
农村信用社	104	18	0	1	2 155 602	67 402	2 271	23	191 080	5 708	18 188	0
外资银行	509	321	99	0	1 891	738	14	0	1	6	0	0
其他	2	2	0	0	179 639	36 419	317	2	5 429	3 931	864	0
合计	15 509	1 477	794	6	12 143 972	786 259	27 673	303	377 074	38 458	48 173	0

（按存款人类别）

第二季度　　　　　　　　　　　　　　　　　　　　　　　　　　　　　　　　　　单位：户

单位设立的独立核算的附属机构				其他组织				小计				合计
基本存款账户	一般存款账户	专用存款账户	临时存款账户	基本存款账户	一般存款账户	专用存款账户	临时存款账户	基本存款账户	一般存款账户	专用存款账户	临时存款账户	
46	13	10	0	818	827	350	1 829	59 960	132 772	106 419	2 596	301 747
26 663	1 072	1 162	6	455 151	95 037	19 977	60 410	32 287 170	8 176 396	2 602 290	109 130	43 174 986
1 800	224	66	0	28 991	13 308	3 035	14 172	6 647 076	3 489 753	458 140	17 737	10 612 706
4 785	323	139	1	80 582	21 457	2 955	18 378	6 037 581	2 724 336	388 223	23 994	9 174 134
8 767	125	58	1	259 099	9 282	10 447	6 010	3 995 335	778 955	202 236	7 456	4 983 982
18	0	0	0	100	4	2	103	13 432	1 702	261	168	15 563
9 382	181	325	1	432 369	26 566	9 001	17 330	7 253 735	1 368 599	380 014	22 357	9 024 705
0	0	0	0	5 042	1 165	2 062	46	35 326	171 120	16 444	65	222 955
309	54	24	0	20 522	7 873	808	3 015	557 541	1 074 699	43 722	3 731	1 679 693
51 770	1 992	1 784	9	1 282 674	175 519	48 637	121 293	56 887 156	17 918 332	4 197 749	187 234	79 190 471

附录三
支付业务地域分布状况

表1 银行非现金支付业务量分地区

单位：万笔、亿元

地区	票据		银行卡		其他结算方式		非现金支付业务合计	
	笔数	金额	笔数	金额	笔数	金额	笔数	金额
北京	158.6	15 673.2	353 591.4	105 263.0	19 632.8	2 060 393.1	323 801.0	2 186 878.7
天津	89.9	3 985.4	100 769.8	28 674.8	3 188.6	104 323.4	90 392.6	136 390.7
河北	71.4	7 531.1	309 323.0	96 504.1	6 292.3	105 112.4	259 923.1	207 010.5
山西	56.1	4 750.5	156 903.1	40 407.4	3 190.4	79 950.9	141 597.7	126 157.5
内蒙古	47.3	3 540.1	126 076.8	33 963.1	2 655.8	41 378.8	113 010.9	80 098.7
辽宁	198.9	7 016.1	259 009.9	60 251.9	8 167.5	98 775.5	229 139.9	166 954.6
吉林	50.4	3 139.6	122 542.7	28 718.8	2 333.1	43 969.7	103 850.8	75 807.4
黑龙江	61.9	2 320.8	154 772.3	34 202.6	2 664.1	38 701.6	128 184.1	76 434.7
上海	91.9	7 727.8	275 408.5	111 122.6	12 682.9	1 126 354.1	259 071.5	1 253 553.0
江苏	290.0	37 668.9	511 214.5	173 711.1	19 074.6	610 485.4	480 402.1	844 054.8
浙江	286.9	26 732.0	554 991.2	289 115.6	39 955.1	600 282.8	535 085.6	932 433.3
安徽	74.7	7 692.7	216 495.1	71 445.5	5 620.8	118 150.8	200 232.5	205 916.7
福建	107.6	13 644.4	309 087.6	116 996.7	7 161.1	317 472.7	292 907.6	453 420.1
江西	60.0	9 302.1	165 956.1	51 842.8	4 670.9	93 160.2	153 335.0	161 742.8
山东	180.9	17 526.0	529 398.3	176 359.1	14 752.7	317 172.2	484 780.9	523 184.5
河南	95.0	9 439.9	367 922.3	105 218.2	9 929.0	146 392.8	338 794.5	267 445.9
湖北	91.5	10 773.9	265 155.3	63 019.6	5 853.7	123 527.6	243 767.7	209 452.1
湖南	141.3	8 002.1	275 584.3	67 798.5	4 938.7	105 840.6	257 114.5	191 403.9
广东	305.7	24 272.1	821 587.6	195 871.0	23 266.2	602 165.2	795 472.0	829 156.9
广西	53.4	4 347.0	237 175.4	41 518.2	3 820.3	59 708.7	220 190.8	110 128.8
海南	14.6	832.6	66 234.6	12 617.4	1 909.2	19 723.8	62 722.5	33 433.4
重庆	65.1	7 604.8	159 354.7	34 865.3	6 190.3	103 413.5	150 516.5	159 996.6
四川	246.5	11 200.7	358 165.8	80 143.7	11 130.3	187 435.1	339 336.3	291 399.5
贵州	47.0	5 146.0	154 452.0	27 039.7	3 066.1	56 896.6	142 322.2	92 932.3
云南	59.3	3 997.1	169 550.4	33 468.6	3 321.3	51 374.5	158 152.6	91 870.4
西藏	11.5	516.4	14 288.5	2 737.5	232.9	4 077.7	13 069.5	7 551.3
陕西	57.4	5 576.1	200 288.0	44 081.1	4 536.3	97 033.7	180 417.2	149 879.9
甘肃	43.5	2 235.1	104 941.5	16 662.8	1 565.2	26 255.7	93 734.7	46 891.6
青海	14.3	851.8	29 917.6	5 138.4	526.9	9 478.7	27 571.1	15 705.5
宁夏	19.0	1 049.7	49 993.2	10 057.2	814.0	10 843.8	44 164.8	21 949.6
新疆	72.5	2 984.2	145 360.9	22 907.7	2 559.4	51 542.5	127 234.1	78 127.8
深圳	48.0	11 658.1	2 566 195.0	220 751.7	18 797.8	715 634.9	1 759 965.2	927 844.0

表2 支票和商业汇票业务量分地区

单位：万笔、亿元

地区	支票		商业汇票	
	笔数	金额	笔数	金额
北京	139.2	12 595.1	19.4	3 066.5
天津	71.1	2 817.2	18.9	1 162.8
河北	57.4	5 943.0	14.0	1 586.6
山西	39.4	3 442.6	16.7	1 279.5
内蒙古	42.7	3 107.2	4.6	432.8
辽宁	154.6	4 533.2	44.3	2 481.8
吉林	46.1	2 534.8	4.2	604.6
黑龙江	57.8	1 942.6	4.0	375.1
上海	65.8	4 393.3	25.6	3 244.8
江苏	198.6	30 628.9	87.7	6 610.1
浙江	162.2	20 429.3	119.9	5 805.4
安徽	58.9	6 612.7	15.6	1 053.1
福建	94.4	11 486.6	13.1	2 151.0
江西	53.7	8 446.2	6.3	852.3
山东	116.2	12 764.7	64.6	4 751.3
河南	68.0	6 829.6	27.0	2 604.5
湖北	73.4	8 940.1	18.1	1 832.8
湖南	130.1	6 974.6	11.1	1 027.0
广东	259.7	19 196.3	46.0	5 071.7
广西	44.9	3 306.6	8.5	1 039.9
海南	13.3	689.6	1.3	143.0
重庆	54.0	6 313.6	11.1	1 288.1
四川	229.5	9 484.1	17.0	1 716.4
贵州	42.7	4 662.2	4.3	483.3
云南	56.8	3 543.0	2.5	453.0
西藏	11.5	507.8	0.0	8.5
陕西	45.7	4 270.8	11.8	1 305.1
甘肃	40.4	1 942.4	3.1	292.6
青海	13.9	760.9	0.5	90.9
宁夏	17.2	885.7	1.7	163.8
新疆	61.9	2 043.0	10.6	940.7
深圳	25.9	9 316.3	22.1	2 341.7

表3 支票出票人违规情况分地区

单位：笔、万元

地区	支票违规笔数	支票违规金额
北京	0	0.0
天津	0	0.0
河北	0	0.0
山西	0	0.0
内蒙古	0	0.0
辽宁	12	133.6
吉林	0	0.0
黑龙江	0	0.0
上海	0	0.0
江苏	0	0.0
浙江	0	0.0
安徽	0	0.0
福建	0	0.0
江西	0	0.0
山东	0	0.0
河南	0	0.0
湖北	0	0.0
湖南	0	0.0
广东	0	0.0
广西	0	0.0
海南	0	0.0
重庆	0	0.0
四川	0	0.0
贵州	0	0.0
云南	0	0.0
西藏	0	0.0
陕西	0	0.0
甘肃	0	0.0
青海	0	0.0
宁夏	5	119.1
新疆	0	0.0
深圳	0	0.0

表4 商业汇票逾期垫款金额分地区

单位：亿元

地区	商业汇票逾期垫款金额
北京	28.0
天津	10.1
河北	8.7
山西	8.1
内蒙古	36.9
辽宁	183.5
吉林	13.9
黑龙江	1.3
上海	1.8
江苏	22.5
浙江	14.7
安徽	2.1
福建	10.9
江西	8.8
山东	26.5
河南	15.3
湖北	11.7
湖南	8.9
广东	26.1
广西	13.7
海南	5.0
重庆	8.9
四川	10.7
贵州	6.9
云南	0.3
西藏	0.0
陕西	3.1
甘肃	32.8
青海	1.6
宁夏	1.4
新疆	0.2
深圳	1.0

表 5　银行卡在用发卡数量分地区

单位：万张

地区	银行卡数量	借记卡数量	信用卡数量（含借贷合一卡）
北京	30 925.8	26 791.8	4 126.9
天津	11 752.0	10 661.9	1 087.7
河北	41 159.6	37 972.9	3 180.9
山西	19 885.1	17 931.0	1 952.8
内蒙古	15 754.3	14 200.6	1 551.3
辽宁	28 940.4	26 571.0	2 364.5
吉林	13 928.6	12 797.8	1 128.8
黑龙江	18 666.2	17 366.7	1 297.8
上海	24 070.5	20 788.2	3 277.0
江苏	63 998.3	58 782.8	5 207.5
浙江	49 326.2	44 091.3	5 220.9
安徽	29 625.0	27 618.4	2 004.6
福建	27 011.6	23 757.6	3 240.6
江西	21 302.0	20 005.2	1 296.0
山东	67 729.8	62 309.5	5 410.8
河南	53 372.2	49 249.3	4 113.2
湖北	33 964.0	31 570.3	2 387.5
湖南	34 228.2	32 156.3	2 070.1
广东	72 021.7	64 583.8	7 421.7
广西	22 991.7	21 208.3	1 781.8
海南	5 652.4	5 193.8	453.5
重庆	18 714.8	17 231.6	1 478.3
四川	43 792.1	40 899.4	2 886.0
贵州	18 443.6	17 207.4	1 235.0
云南	20 305.8	18 538.9	1 761.9
西藏	1 170.5	1 133.5	37.1
陕西	24 100.8	22 245.2	1 850.3
甘肃	13 384.4	12 437.7	946.5
青海	2 997.9	2 819.6	178.4
宁夏	4 302.0	3 832.1	469.9
新疆	13 833.4	12 859.3	973.8
深圳	63 678.4	57 199.8	6 434.0

表 6　银行卡受理环境指标分地区

单位：万户、万台

地区	联网特约商户数	联网机具数	ATM 数量
北京	68.3	132.0	3.5
天津	22.4	33.3	1.4
河北	186.4	219.8	4.7
山西	54.2	75.4	2.4
内蒙古	44.4	62.2	1.9
辽宁	64.5	93.6	3.0
吉林	30.9	40.3	1.9
黑龙江	35.2	44.3	2.0
上海	57.9	115.4	2.3
江苏	133.7	185.8	6.4
浙江	172.7	213.5	6.5
安徽	79.7	105.1	3.2
福建	124.3	163.3	2.9
江西	46.6	62.2	2.7
山东	166.2	233.3	6.8
河南	150.7	195.6	5.2
湖北	83.2	106.0	4.1
湖南	75.7	96.1	3.6
广东	184.1	261.7	7.1
广西	66.0	101.0	3.2
海南	23.1	29.9	0.9
重庆	39.9	55.1	2.3
四川	128.8	164.7	5.5
贵州	69.6	84.4	2.5
云南	60.6	76.5	3.2
西藏	2.5	3.0	0.3
陕西	58.3	75.3	2.7
甘肃	34.4	43.2	2.0
青海	7.7	9.5	0.6
宁夏	18.4	22.4	0.7
新疆	38.8	49.4	1.5
深圳	74.4	120.1	1.6

表 7 银行卡业务量分地区

单位：万笔、亿元

地区	存现		取现		消费		转账	
	笔数	金额	笔数	金额	笔数	金额	笔数	金额
北京	2 637.7	2 628.4	3 013.7	2 196.6	230 329.2	15 890.2	117 610.9	84 547.8
天津	1 493.5	1 174.6	1 962.0	1 148.5	59 904.8	3 284.9	37 409.5	23 066.8
河北	5 508.5	4 350.2	7 809.3	4 098.7	186 214.9	12 043.8	109 790.3	76 011.3
山西	2 853.7	2 318.2	4 123.0	2 431.7	100 773.8	6 947.9	49 152.6	28 709.6
内蒙古	3 351.1	2 416.4	3 779.4	2 286.4	79 359.4	5 599.9	39 587.0	23 660.3
辽宁	5 229.0	4 169.9	6 947.8	4 066.9	156 394.8	8 891.6	90 438.4	43 123.5
吉林	2 825.1	2 336.2	4 216.3	2 424.3	79 691.8	4 466.8	35 809.6	19 491.5
黑龙江	3 076.9	3 000.7	4 800.7	3 218.9	94 039.3	5 330.0	52 855.5	22 653.0
上海	3 032.4	2 686.5	3 986.8	2 184.5	187 662.4	11 708.0	80 726.9	94 543.6
江苏	8 735.9	8 275.3	9 870.7	6 004.8	304 399.9	21 173.6	188 208.0	138 257.5
浙江	6 248.0	6 843.7	7 940.7	5 580.0	252 948.9	22 283.3	287 853.6	254 408.6
安徽	4 200.7	3 557.4	6 240.5	3 285.6	131 704.5	8 888.5	74 349.4	55 714.0
福建	3 560.3	2 812.5	3 811.4	2 378.4	201 419.0	14 540.6	100 296.9	97 265.1
江西	2 924.5	2 103.0	4 559.1	2 089.5	108 819.7	7 055.8	49 652.8	40 594.5
山东	8 775.6	6 755.2	10 719.9	6 349.3	286 130.0	22 724.6	223 772.8	140 529.9
河南	7 482.1	5 833.9	8 574.3	5 246.5	242 085.9	19 344.0	109 780.0	74 793.9
湖北	4 136.7	2 774.1	6 101.8	2 611.6	168 761.2	10 262.3	86 155.6	47 371.6
湖南	4 285.1	3 068.1	24 530.0	5 582.5	163 303.3	10 459.6	83 465.9	48 688.4
广东	9 067.2	6 029.4	10 575.8	5 136.3	480 917.0	34 075.3	321 027.6	150 629.9
广西	3 839.3	2 033.9	4 667.0	1 637.7	117 163.6	6 598.5	111 505.5	31 248.2
海南	1 258.4	747.3	1 700.4	692.1	36 544.0	2 230.7	26 731.8	8 947.3
重庆	2 526.5	1 706.9	3 210.9	1 565.2	102 880.7	5 985.5	50 736.6	25 607.7
四川	8 984.6	5 004.7	9 704.0	4 439.3	214 336.1	12 517.7	125 141.1	58 181.9
贵州	2 434.1	1 476.2	4 804.2	1 518.3	97 552.2	5 040.4	49 661.5	19 004.8
云南	3 111.6	2 141.0	5 712.4	2 089.6	94 534.4	6 055.5	66 192.0	23 182.5
西藏	200.7	256.3	492.3	292.2	5 005.5	338.2	8 590.0	1 850.8
陕西	3 993.1	2 720.4	5 067.8	2 529.3	131 381.9	7 427.0	59 845.2	31 404.4
甘肃	1 729.2	1 175.3	2 812.1	946.2	61 883.3	3 298.8	38 516.8	11 242.5
青海	1 931.9	646.4	884.3	499.4	17 089.8	882.3	10 011.5	3 110.4
宁夏	692.5	442.0	995.3	386.6	27 232.5	1 692.0	21 072.9	7 536.6
新疆	1 632.1	1 151.1	3 475.4	1 292.8	95 553.0	4 963.8	44 700.5	15 500.0
深圳	2 029.8	1 457.3	1 747.5	913.0	982 681.8	29 569.2	1 579 735.9	188 812.2

表 8　银行卡存款和授信分地区

单位：亿元

地区	银行卡期末存款余额	银行卡授信总额	银行卡应偿信贷余额	信用卡逾期账户透支余额（M6+）
北京	23 007.3	10 307.8	2 890.0	36.4
天津	4 442.3	2 719.6	876.8	8.7
河北	14 810.2	7 344.0	3 056.9	25.1
山西	6 761.7	4 403.7	1 751.6	18.9
内蒙古	5 601.1	3 685.8	1 620.6	31.0
辽宁	9 224.5	6 037.9	2 195.1	29.7
吉林	5 517.8	2 692.2	1 134.8	11.9
黑龙江	7 218.6	3 063.8	1 059.5	13.3
上海	16 772.3	10 246.3	2 881.6	23.7
江苏	23 681.2	14 754.1	5 536.5	40.5
浙江	23 813.6	14 532.8	5 804.3	58.0
安徽	16 651.7	5 040.1	1 931.3	16.6
福建	12 501.1	10 305.4	4 821.6	43.8
江西	8 881.1	3 423.0	1 323.0	12.1
山东	21 076.1	12 914.7	5 126.1	36.2
河南	18 554.1	10 464.6	4 605.2	36.0
湖北	13 717.4	5 816.5	2 317.0	27.3
湖南	11 564.9	5 741.1	2 347.2	24.0
广东	35 175.5	18 649.3	9 092.1	100.4
广西	9 282.6	4 518.6	2 045.3	25.4
海南	2 601.2	1 042.9	509.6	9.2
重庆	6 970.6	4 279.4	1 687.9	18.3
四川	17 647.6	6 974.1	2 694.1	32.4
贵州	5 942.5	2 731.7	1 414.8	13.8
云南	8 061.9	5 066.1	2 091.0	21.4
西藏	724.8	116.4	45.9	0.2
陕西	10 867.9	4 247.3	1 717.6	13.8
甘肃	4 352.6	2 014.9	793.1	6.8
青海	1 293.1	491.4	177.7	3.2
宁夏	1 547.7	996.7	429.4	5.6
新疆	4 583.5	2 219.1	846.0	7.3
深圳	14 856.6	15 477.9	6 980.8	66.9

表 9　贷记转账业务量分地区

单位：万笔、亿元

地区	贷记转账	
	笔数	金额
北京	19 266.2	1 958 573.1
天津	3 100.6	103 761.4
河北	6 190.5	104 289.2
山西	3 117.3	79 378.3
内蒙古	2 606.3	41 116.7
辽宁	8 016.5	97 576.2
吉林	2 162.2	43 605.4
黑龙江	2 541.7	38 333.9
上海	12 308.4	1 122 966.3
江苏	18 608.8	608 151.0
浙江	37 106.8	595 703.2
安徽	5 453.1	117 567.9
福建	6 709.9	316 386.1
江西	4 607.8	92 812.2
山东	14 505.1	315 659.4
河南	9 805.6	145 752.6
湖北	5 684.1	122 783.9
湖南	4 794.2	104 603.0
广东	21 351.4	600 234.1
广西	3 702.2	59 312.4
海南	1 868.2	19 664.3
重庆	6 117.3	103 069.5
四川	10 942.3	187 008.4
贵州	2 774.5	56 696.0
云南	3 226.9	51 087.0
西藏	230.5	4 062.4
陕西	4 428.9	96 422.5
甘肃	1 526.4	26 038.0
青海	514.4	9 416.2
宁夏	802.6	10 727.5
新疆	2 510.6	51 129.2
深圳	18 344.1	709 056.9

表 10　同城清算系统业务量分地区

单位：万笔、亿元

地区	同城清算系统	
	笔数	金额
北京	83.4	4 271.3
天津	33.1	926.6
河北	3.7	286.0
山西	0.0	1.8
内蒙古	5.5	152.4
辽宁	57.5	1 342.5
吉林	0.1	111.4
黑龙江	10.9	389.1
上海	21.2	573.3
江苏	0.0	0.0
浙江	0.0	0.0
安徽	0.0	0.0
福建	0.0	0.0
江西	0.0	0.0
山东	0.0	0.0
河南	0.0	0.0
湖北	0.0	0.0
湖南	4.9	323.3
广东	4.8	206.6
广西	0.0	0.0
海南	0.0	0.0
重庆	0.0	0.0
四川	11.0	1 040.1
贵州	0.0	0.0
云南	3.8	408.3
西藏	0.0	0.0
陕西	8.3	611.9
甘肃	0.0	0.0
青海	0.0	0.0
宁夏	0.0	0.0
新疆	0.0	0.0
深圳	0.2	84.8

表 11　银行业金融机构行内业务系统业务量分地区

单位：万笔、亿元

地区	银行业金融机构行内业务系统	
	笔数	金额
北京	15 607.6	908 019.4
天津	7 355.7	64 886.7
河北	49 136.2	101 681.4
山西	5 572.7	29 980.2
内蒙古	9 413.7	28 651.7
辽宁	7 213.3	73 894.7
吉林	2 778.4	27 263.4
黑龙江	4 792.0	24 028.1
上海	12 569.2	892 046.4
江苏	17 958.6	247 036.2
浙江	74 827.6	606 695.1
安徽	9 214.6	77 510.2
福建	14 258.6	223 642.5
江西	5 887.5	46 450.9
山东	18 230.3	152 248.0
河南	12 980.6	68 223.9
湖北	12 794.4	65 366.3
湖南	10 304.5	60 709.9
广东	45 237.2	339 580.5
广西	6 595.7	30 117.6
海南	2 597.6	10 500.1
重庆	5 804.0	39 307.3
四川	17 477.2	81 568.8
贵州	7 857.9	22 050.8
云南	6 422.5	39 054.9
西藏	1 374.0	3 173.5
陕西	11 908.8	41 316.7
甘肃	4 392.7	14 459.9
青海	1 723.2	17 392.1
宁夏	4 266.2	6 415.0
新疆	6 005.9	30 068.1
深圳	43 724.9	506 919.2

表12 人民币单位银行结算账户数量分地区

单位：万户

地区	基本存款账户	一般存款账户	专用存款账户	临时存款账户	单位银行结算账户合计
北京	203.7	60.9	13.3	0.2	278.0
天津	93.2	33.5	5.7	0.1	132.5
河北	242.6	65.5	14.6	0.6	323.3
山西	114.5	29.3	7.3	0.4	151.5
内蒙古	87.5	20.1	9.1	0.5	117.1
辽宁	173.0	46.2	8.8	0.3	228.3
吉林	86.4	15.9	5.6	0.2	108.2
黑龙江	108.7	18.0	7.7	0.5	134.8
上海	295.5	81.0	76.2	0.3	453.0
江苏	541.0	183.3	26.0	1.3	751.6
浙江	459.8	222.1	23.8	2.2	707.9
安徽	192.1	57.6	10.1	0.8	260.6
福建	191.0	56.9	16.6	0.7	265.3
江西	116.1	37.8	11.2	0.6	165.7
山东	422.4	154.6	17.8	0.9	595.7
河南	264.7	84.2	8.9	1.4	359.2
湖北	172.8	54.3	11.7	0.8	239.7
湖南	153.8	45.8	11.5	1.1	212.3
广东	508.1	155.5	28.0	1.0	692.7
广西	130.4	35.3	12.2	0.7	178.6
海南	52.5	11.6	4.3	0.1	68.5
重庆	112.9	34.1	5.7	0.4	153.1
四川	210.7	53.4	12.3	0.7	277.1
贵州	94.3	33.3	11.6	0.5	139.7
云南	102.6	27.0	11.8	0.8	142.1
西藏	11.3	1.2	1.6	0.2	14.3
陕西	146.6	41.0	10.0	0.7	198.2
甘肃	64.2	18.0	9.8	0.3	92.2
青海	20.5	4.6	2.9	0.1	28.1
宁夏	32.4	9.6	3.3	0.1	45.4
新疆	74.6	18.9	9.1	0.2	102.8
深圳	208.5	81.5	11.3	0.2	301.5

表13 人民币单位银行结算账户净开户数量分地区

单位：万户

地区	单位银行结算账户净开户数量	其中，基本存款账户净开户数量
北京	2.8	1.5
天津	2.8	2.2
河北	9.2	6.9
山西	3.3	2.6
内蒙古	2.4	2.1
辽宁	4.2	3.5
吉林	2.3	1.9
黑龙江	2.3	2.0
上海	7.7	6.6
江苏	15.4	13.1
浙江	56.8	13.8
安徽	7.9	5.9
福建	5.4	4.1
江西	3.4	3.0
山东	15.0	12.2
河南	10.3	8.1
湖北	5.1	4.4
湖南	6.6	4.9
广东	18.5	14.4
广西	4.0	3.3
海南	2.8	2.4
重庆	2.4	2.3
四川	9.7	7.5
贵州	3.3	2.2
云南	3.3	2.9
西藏	0.7	0.5
陕西	5.8	4.7
甘肃	2.7	2.1
青海	0.7	0.5
宁夏	1.0	0.8
新疆	3.8	3.0
深圳	10.5	4.9

附录四
支付业务行别排名状况

表 1　银行非现金支付业务量分行别（按业务笔数）

行别	排名	行别	排名
中国建设银行	1	广发银行	15
中国工商银行	2	中国民生银行	16
中国农业银行	3	中国光大银行	17
中国邮政储蓄银行	4	华夏银行	18
中国银行	5	村镇银行	19
农村商业银行	6	农村合作银行	20
招商银行	7	外资银行	21
交通银行	8	浙商银行	22
城市商业银行	9	恒丰银行	23
平安银行	10	渤海银行	24
中信银行	11	中国农业发展银行	25
浦发银行	12	国家开发银行	26
兴业银行	13	中国进出口银行	27
农村信用社	14		

表 2　银行非现金支付业务量分行别（按业务金额）

行别	排名	行别	排名
中国工商银行	1	广发银行	15
中国建设银行	2	外资银行	16
中国农业银行	3	中国进出口银行	17
中国银行	4	农村信用社	18
城市商业银行	5	华夏银行	19
招商银行	6	浦发银行	20
农村商业银行	7	浙商银行	21
中信银行	8	恒丰银行	22
兴业银行	9	国家开发银行	23
交通银行	10	村镇银行	24
中国民生银行	11	中国农业发展银行	25
中国光大银行	12	渤海银行	26
平安银行	13	农村合作银行	27
中国邮政储蓄银行	14		

表 3　票据业务量分行别（按业务笔数）

行别	排名	行别	排名
农村商业银行	1	中国邮政储蓄银行	15
城市商业银行	2	中国光大银行	16
中国工商银行	3	中国民生银行	17
中国农业银行	4	华夏银行	18
中国建设银行	5	广发银行	19
中国银行	6	平安银行	20
农村信用社	7	农村合作银行	21
交通银行	8	外资银行	22
兴业银行	9	恒丰银行	23
招商银行	10	渤海银行	24
中信银行	11	中国农业发展银行	25
浦发银行	12	国家开发银行	26
村镇银行	13	中国进出口银行	27
浙商银行	14		

表 4　票据业务量分行别（按业务金额）

行别	排名	行别	排名
城市商业银行	1	中国光大银行	15
中国工商银行	2	农村信用社	16
农村商业银行	3	平安银行	17
中国农业银行	4	中国邮政储蓄银行	18
中国建设银行	5	村镇银行	19
中国银行	6	中国农业发展银行	20
兴业银行	7	恒丰银行	21
华夏银行	8	浙商银行	22
交通银行	9	渤海银行	23
招商银行	10	外资银行	24
中信银行	11	农村合作银行	25
浦发银行	12	国家开发银行	26
中国民生银行	13	中国进出口银行	27
广发银行	14		

表5 支票业务量分行别（按业务笔数）

行别	排名	行别	排名
农村商业银行	1	华夏银行	15
城市商业银行	2	中国民生银行	16
中国工商银行	3	农村合作银行	17
中国农业银行	4	广发银行	18
中国建设银行	5	中国光大银行	19
中国银行	6	平安银行	20
农村信用社	7	外资银行	21
交通银行	8	中国农业发展银行	22
村镇银行	9	恒丰银行	23
中国邮政储蓄银行	10	渤海银行	24
招商银行	11	浙商银行	25
兴业银行	12	国家开发银行	26
浦发银行	13	中国进出口银行	27
中信银行	14		

表6 支票业务量分行别（按业务金额）

行别	排名	行别	排名
中国工商银行	1	中国邮政储蓄银行	15
城市商业银行	2	村镇银行	16
农村商业银行	3	中国农业发展银行	17
中国建设银行	4	广发银行	18
中国农业银行	5	恒丰银行	19
中国银行	6	中国光大银行	20
兴业银行	7	渤海银行	21
华夏银行	8	平安银行	22
交通银行	9	农村合作银行	23
招商银行	10	外资银行	24
浦发银行	11	国家开发银行	25
中国民生银行	12	浙商银行	26
中信银行	13	中国进出口银行	27
农村信用社	14		

表7 商业汇票业务量分行别（按业务笔数）

行别	排名	行别	排名
城市商业银行	1	平安银行	15
农村商业银行	2	广发银行	16
兴业银行	3	村镇银行	17
中信银行	4	华夏银行	18
浙商银行	5	外资银行	19
招商银行	6	恒丰银行	20
浦发银行	7	渤海银行	21
中国工商银行	8	农村信用社	22
中国农业银行	9	中国邮政储蓄银行	23
交通银行	10	国家开发银行	24
中国光大银行	11	中国农业发展银行	25
中国银行	12	农村合作银行	26
中国建设银行	13	中国进出口银行	27
中国民生银行	14		

表8 商业汇票业务量分行别（按业务金额）

行别	排名	行别	排名
城市商业银行	1	浙商银行	15
兴业银行	2	广发银行	16
中信银行	3	华夏银行	17
中国光大银行	4	渤海银行	18
浦发银行	5	外资银行	19
农村商业银行	6	恒丰银行	20
中国工商银行	7	农村信用社	21
平安银行	8	中国邮政储蓄银行	22
中国民生银行	9	村镇银行	23
中国农业银行	10	国家开发银行	24
招商银行	11	中国农业发展银行	25
中国银行	12	农村合作银行	26
交通银行	13	中国进出口银行	27
中国建设银行	14		

表 9 商业汇票逾期垫款金额分行别

行别	排名	行别	排名
城市商业银行	1	外资银行	13
农村商业银行	2	中国建设银行	14
农村信用社	3	村镇银行	15
中国银行	4	中国工商银行	16
中国民生银行	5	农村合作银行	17
华夏银行	6	招商银行	18
交通银行	7	中国农业发展银行	19
浦发银行	8	中国光大银行	20
中国农业银行	9	广发银行	21
中信银行	10	中国邮政储蓄银行	22
渤海银行	11	恒丰银行	23
兴业银行	12	平安银行	24

表 10 银行卡在用发卡数量分行别

行别	排名	行别	排名
中国建设银行	1	浦发银行	13
中国农业银行	2	中信银行	14
农村商业银行	3	中国光大银行	15
中国工商银行	4	兴业银行	16
中国邮政储蓄银行	5	广发银行	17
城市商业银行	6	华夏银行	18
中国银行	7	村镇银行	19
农村信用社	8	农村合作银行	20
招商银行	9	浙商银行	21
交通银行	10	外资银行	22
平安银行	11	渤海银行	23
中国民生银行	12	恒丰银行	24

表 11　借记卡在用发卡数量分行别

行别	排名	行别	排名
中国建设银行	1	平安银行	13
中国农业银行	2	中国光大银行	14
农村商业银行	3	中信银行	15
中国邮政储蓄银行	4	兴业银行	16
中国工商银行	5	村镇银行	17
城市商业银行	6	广发银行	18
中国银行	7	华夏银行	19
农村信用社	8	农村合作银行	20
招商银行	9	浙商银行	21
交通银行	10	外资银行	22
中国民生银行	11	渤海银行	23
浦发银行	12	恒丰银行	24

表 12　信用卡（含借贷合一卡）在用发卡数量分行别

行别	排名	行别	排名
中国建设银行	1	中国光大银行	13
中国工商银行	2	兴业银行	14
招商银行	3	中国邮政储蓄银行	15
中国农业银行	4	农村商业银行	16
交通银行	5	华夏银行	17
平安银行	6	农村信用社	18
中信银行	7	浙商银行	19
广发银行	8	外资银行	20
中国银行	9	恒丰银行	21
城市商业银行	10	农村合作银行	22
浦发银行	11	渤海银行	23
中国民生银行	12		

表 13 ATM 数量分行别

行别	排名	行别	排名
农村商业银行	1	村镇银行	13
中国邮政储蓄银行	2	中国民生银行	14
中国建设银行	3	中国光大银行	15
中国工商银行	4	华夏银行	16
中国农业银行	5	中信银行	17
中国银行	6	农村合作银行	18
城市商业银行	7	兴业银行	19
农村信用社	8	广发银行	20
交通银行	9	渤海银行	21
招商银行	10	恒丰银行	22
平安银行	11	浙商银行	23
浦发银行	12	外资银行	24

表 14 银行卡业务量分行别（按业务笔数）

行别	排名	行别	排名
城市商业银行	1	兴业银行	13
中国建设银行	2	广发银行	14
中国工商银行	3	农村信用社	15
中国农业银行	4	中国民生银行	16
中国邮政储蓄银行	5	中国光大银行	17
中国银行	6	华夏银行	18
农村商业银行	7	村镇银行	19
交通银行	8	农村合作银行	20
招商银行	9	外资银行	21
平安银行	10	浙商银行	22
中信银行	11	恒丰银行	23
浦发银行	12	渤海银行	24

表 15　银行卡业务量分行别（按业务金额）

行别	排名	行别	排名
中国农业银行	1	中国民生银行	13
中国工商银行	2	农村信用社	14
中国建设银行	3	中国光大银行	15
城市商业银行	4	广发银行	16
农村商业银行	5	平安银行	17
招商银行	6	浙商银行	18
中国银行	7	华夏银行	19
交通银行	8	村镇银行	20
中国邮政储蓄银行	9	恒丰银行	21
兴业银行	10	农村合作银行	22
中信银行	11	渤海银行	23
浦发银行	12	外资银行	24

表 16　银行卡消费业务量分行别（按业务笔数）

行别	排名	行别	排名
中国建设银行	1	中信银行	13
中国工商银行	2	浦发银行	14
城市商业银行	3	兴业银行	15
中国银行	4	中国民生银行	16
中国邮政储蓄银行	5	农村信用社	17
招商银行	6	华夏银行	18
交通银行	7	外资银行	19
平安银行	8	村镇银行	20
中国农业银行	9	浙商银行	21
广发银行	10	农村合作银行	22
光大银行	11	恒丰银行	23
农村商业银行	12	渤海银行	24

表 17　银行卡消费业务量分行别（按业务金额）

行别	排名	行别	排名
中国建设银行	1	中信银行	13
中国工商银行	2	兴业银行	14
中国银行	3	中国民生银行	15
城市商业银行	4	浦发银行	16
中国邮政储蓄银行	5	华夏银行	17
广发银行	6	农村信用社	18
中国农业银行	7	浙商银行	19
招商银行	8	村镇银行	20
平安银行	9	外资银行	21
农村商业银行	10	农村合作银行	22
中国光大银行	11	恒丰银行	23
交通银行	12	渤海银行	24

表 18　银行卡授信总额分行别

行别	排名	行别	排名
中国工商银行	1	兴业银行	13
中国建设银行	2	中国光大银行	14
招商银行	3	农村商业银行	15
中国农业银行	4	中国邮政储蓄银行	16
交通银行	5	华夏银行	17
平安银行	6	农村信用社	18
城市商业银行	7	外资银行	19
广发银行	8	浙商银行	20
中信银行	9	农村合作银行	21
中国银行	10	渤海银行	22
中国民生银行	11	恒丰银行	23
浦发银行	12	村镇银行	24

表 19 银行卡应偿信贷余额分行别

行别	排名	行别	排名
中国建设银行	1	兴业银行	13
招商银行	2	浦发银行	14
中国工商银行	3	农村商业银行	15
中国农业银行	4	华夏银行	16
平安银行	5	中国邮政储蓄银行	17
中信银行	6	农村信用社	18
中国银行	7	浙商银行	19
中国民生银行	8	外资银行	20
交通银行	9	农村合作银行	21
中国光大银行	10	渤海银行	22
城市商业银行	11	恒丰银行	23
广发银行	12	村镇银行	24

表 20 信用卡逾期账户透支余额（M6+）分行别

行别	排名	行别	排名
城市商业银行	1	兴业银行	13
中国工商银行	2	农村商业银行	14
中国银行	3	广发银行	15
中国民生银行	4	浦发银行	16
交通银行	5	中国邮政储蓄银行	17
中国农业银行	6	农村信用社	18
中国建设银行	7	渤海银行	19
平安银行	8	浙商银行	20
招商银行	9	农村合作银行	21
中信银行	10	外资银行	22
华夏银行	11	恒丰银行	23
中国光大银行	12	村镇银行	24

表 21　贷记转账业务量分行别（按业务笔数）

行别	排名	行别	排名
中国银行	1	交通银行	14
中国工商银行	2	浦发银行	15
中国建设银行	3	中国民生银行	16
农村商业银行	4	外资银行	17
中国农业银行	5	华夏银行	18
招商银行	6	中国邮政储蓄银行	19
城市商业银行	7	村镇银行	20
平安银行	8	中国农业发展银行	21
中信银行	9	渤海银行	22
农村信用社	10	浙商银行	23
广发银行	11	恒丰银行	24
兴业银行	12	农村合作银行	25
中国光大银行	13		

表 22　贷记转账业务量分行别（按业务金额）

行别	排名	行别	排名
中国工商银行	1	广发银行	14
中国建设银行	2	外资银行	15
中国银行	3	华夏银行	16
中国农业银行	4	中国邮政储蓄银行	17
城市商业银行	5	恒丰银行	18
招商银行	6	浙商银行	19
中信银行	7	农村信用社	20
兴业银行	8	中国农业发展银行	21
农村商业银行	9	渤海银行	22
交通银行	10	村镇银行	23
中国民生银行	11	浦发银行	24
中国光大银行	12	农村合作银行	25
平安银行	13		

表 23 同城清算业务量分行别（按业务笔数）

行别	排名	行别	排名
城市商业银行	1	中信银行	15
中国工商银行	2	华夏银行	16
中国建设银行	3	中国人民银行	17
中国农业银行	4	外资银行	18
农村商业银行	5	村镇银行	19
中国银行	6	广发银行	20
农村信用社	7	平安银行	21
招商银行	8	渤海银行	22
浦发银行	9	浙商银行	23
交通银行	10	中国农业发展银行	24
兴业银行	11	国家开发银行	25
中国光大银行	12	恒丰银行	26
中国邮政储蓄银行	13	中国进出口银行	27
中国民生银行	14	农村合作银行	28

表 24 同城清算业务量分行别（按业务金额）

行别	排名	行别	排名
城市商业银行	1	华夏银行	15
中国建设银行	2	中国民生银行	16
中国工商银行	3	平安银行	17
中国农业银行	4	中国邮政储蓄银行	18
中国银行	5	广发银行	19
农村商业银行	6	外资银行	20
招商银行	7	村镇银行	21
交通银行	8	渤海银行	22
浦发银行	9	浙商银行	23
中国人民银行	10	国家开发银行	24
农村信用社	11	中国农业发展银行	25
兴业银行	12	恒丰银行	26
中信银行	13	中国进出口银行	27
中国光大银行	14	农村合作银行	28

表 25 银行行内业务系统分行别（按业务笔数）

行别	排名	行别	排名
中国农业银行	1	中国光大银行	15
农村商业银行	2	村镇银行	16
中国工商银行	3	农村合作银行	17
中国建设银行	4	浦发银行	18
农村信用社	5	华夏银行	19
平安银行	6	中信银行	20
城市商业银行	7	外资银行	21
中国银行	8	浙商银行	22
招商银行	9	恒丰银行	23
中国邮政储蓄银行	10	中国农业发展银行	24
中国民生银行	11	渤海银行	25
广发银行	12	国家开发银行	26
交通银行	13	中国进出口银行	27
兴业银行	14		

表 26 银行行内业务系统分行别（按业务金额）

行别	排名	行别	排名
中国工商银行	1	中国邮政储蓄银行	15
中国建设银行	2	中国光大银行	16
中国银行	3	广发银行	17
平安银行	4	华夏银行	18
外资银行	5	浙商银行	19
农村商业银行	6	交通银行	20
中国农业银行	7	中国农业发展银行	21
招商银行	8	村镇银行	22
城市商业银行	9	农村合作银行	23
兴业银行	10	渤海银行	24
中信银行	11	国家开发银行	25
中国民生银行	12	恒丰银行	26
浦发银行	13	中国进出口银行	27
农村信用社	14		

表 27 人民币单位银行结算账户数量分行别

行别	排名	行别	排名
中国建设银行	1	中国光大银行	15
中国工商银行	2	平安银行	16
中国农业银行	3	华夏银行	17
城市商业银行	4	广发银行	18
农村信用社	5	中国农业发展银行	19
中国银行	6	外资银行	20
农村商业银行	7	浙商银行	21
招商银行	8	恒丰银行	22
交通银行	9	渤海银行	23
中国民生银行	10	农村合作银行	24
上海浦东发展银行	11	国家开发银行	25
兴业银行	12	城市信用社	26
中国邮政储蓄银行	13	中国进出口银行	27
中信银行	14		

表 28 基本存款账户数量分行别

行别	排名	行别	排名
中国建设银行	1	中国光大银行	15
中国工商银行	2	华夏银行	16
中国农业银行	3	平安银行	17
农村信用社	4	广发银行	18
城市商业银行	5	浙商银行	19
中国银行	6	中国农业发展银行	20
农村商业银行	7	农村合作银行	21
招商银行	8	恒丰银行	22
中国民生银行	9	外资银行	23
交通银行	10	渤海银行	24
上海浦东发展银行	11	城市信用社	25
兴业银行	12	国家开发银行	26
中国邮政储蓄银行	13	中国进出口银行	27
中信银行	14		

表29　人民币单位银行结算账户净开户数量分行别

行别	排名	行别	排名
中国工商银行	1	中国光大银行	15
中国银行	2	平安银行	16
城市商业银行	3	广发银行	17
中国农业银行	4	浙商银行	18
中国建设银行	5	外资银行	19
农村信用社	6	渤海银行	20
农村商业银行	7	中国农业发展银行	21
中国邮政储蓄银行	8	华夏银行	22
招商银行	9	恒丰银行	23
兴业银行	10	农村合作银行	24
交通银行	11	国家开发银行	25
中国民生银行	12	中国进出口银行	26
上海浦东发展银行	13	城市信用社	27
中信银行	14		

表30　基本存款账户净开户数量分行别

行别	排名	行别	排名
中国工商银行	1	中国光大银行	15
中国银行	2	中信银行	16
中国农业银行	3	广发银行	17
农村信用社	4	华夏银行	18
中国建设银行	5	浙商银行	19
城市商业银行	6	渤海银行	20
农村商业银行	7	外资银行	21
中国邮政储蓄银行	8	恒丰银行	22
交通银行	9	中国农业发展银行	23
招商银行	10	农村合作银行	24
中国民生银行	11	国家开发银行	25
兴业银行	12	中国进出口银行	26
上海浦东发展银行	13	城市信用社	27
平安银行	14